Historia de Roma

Una Guía Fascinante sobre la Antigua Roma, que incluye la República romana, el Imperio romano y el Imperio bizantino

ÍNDICE

Primera Parte: La República Romana

Una Fascinante Guía del Ascenso y la Caída de la República Romana, SPQR, y los Políticos Romanos, como Julio César y Cicerón

Introducción – La República Romana: Un Imperio antes del Imperio

Cuando pensamos en la antigua Roma, la primera noción que se nos viene a la mente es la del imperio, seguida de la imagen de un poderoso emperador, sus legiones, edificios colosales, y los gladiadores (o la retórica y poesía, dependiendo de los gustos). Algunos quizás recuerden la imagen de una Europa "unificada" bajo un solo soberano – el emperador de Roma. Sin embargo, Roma no se volvió poderosa en esta fase considerablemente tardía. De hecho, muchos historiadores ven la historia de Roma bajo el gobierno de los emperadores como un largo y gradual declive. Siglos atrás, muchos romanos compartían esta idea. Ellos hablaban y escribían acerca de su glorioso pasado de manera obsesiva – y ¿quién no lo haría? Su pasado no solo hizo posible la visión de su imperio, lo hizo realidad. Fue durante la República que Roma se convirtió en un imperio. Muchos de los logros que el primer emperador Romano, Octavio Augusto, aseguraba haber alcanzado fueron, de hecho, forjados durante la República romana.[i]

¿Por qué es tan importante la República romana?

La República romana le dio forma a la cultura única de la fusión grecorromana tal y como la conocemos a través de su arte, literatura, retórica, filosofía, arquitectura y derecho. El surgimiento de la República fue el origen de la ciudad de Roma – el que alguna vez fuera un asentamiento italiano pequeño y común que se había convertido en una metrópolis con un millón de habitantes que dominaban el Mediterráneo. La noción de las políticas republicanas de Roma influenció a grandes mentes, desde Plutarco, Tácito, y Shakespeare hasta los filósofos de la Ilustración Europea, y los Padres de la Patria de los Estados Unidos. Todavía es relevante hoy en día. Otra fusión – la del sistema político republicano clásico y la cultura del espectáculo y la actuación – todavía define nuestro mundo en todos los niveles posibles. La imagen de las legiones romanas sirvió como base para las legiones de clones y Stormtroopers del ficticio Imperio galáctico. El asesinato de Julio César, por otro lado, ha proporcionado el patrón y la excusa para el asesinato de tiranos en el mundo real desde aquel entonces en adelante.[ii]

La historia de la antigua Roma es la historia de la civilización occidental y una parte significativa de la historia del mundo. La cultura romana es el fundamento de nuestra propia cultura y política. Nuestras ideas de libertad y ciudadanía, como también la terminología de la política moderna, incluso las palabras "senadores" y "dictadores", han sido definidas y utilizadas ampliamente en la antigüedad. La manera en la que nos reímos de nosotros mismos y del mundo que nos rodea también. Los mejores escritores de sátiras en el mundo fueron antiguos romanos. Ellos inventaron el entretenimiento por medio del miedo también. Aunque los romanos no escribían novelas de terror (si lo hubieran hecho, esas novelas sin duda serían impresionantes, como sus obras de otros géneros), ellos observaban el terror en la arena. Los resultados de sus sangrientos espectáculos con los gladiadores eran impredecibles, pero no nos vayamos tan lejos. En este libro, estudiaremos más de cerca el comienzo de la civilización romana, la fundación de la ciudad y el Senado, la expansión de la República romana, su gloria y su final.

La República de Platón o...

Reconocerás muchos elementos de la democracia actual, incluso su lado obscuro, el descarado marketing político, el manejo de las reputaciones, el populismo, la intriga y el asesinato ocasional. Ciertamente, los romanos solían matarse entre ellos a pesar de tratarse supuestamente de personas civilizadas, pero justificaban esos asesinatos de forma elocuente y convincente. Gracias a la abundancia de documentos escritos por los romanos mismos, podemos indagar en sus motivaciones y ambiciones, y descubrir las verdaderas historias detrás de los eventos más polémicos que incluyeron traición, amantes, espías y asesinatos.

La República romana tenía dos caras. Una era impecablemente limpia, con togas blancas,[iii] una retórica elevada, la constitución avanzada de la ciudad-estado, un elevado sentido de la virtud, la justicia y el orgullo. La otra cara estaba caracterizada por la lujuria, por el poder, las conspiraciones, individuos pudientes y obscuros que gobernaban desde las sombras y dejando que otros hicieran política en público. A algunos políticos romanos les encantaba decir que vivían en el estado ideal, la República de Platón, cuando, en realidad, Roma era las *faex* (heces) de Rómulo, como bromeó Cicerón en una carta privada.[iv]

La cultura de la antigua Roma republicana era de apertura y diversidad desde el comienzo. El sentido de la identidad y la pertenencia estaba basado en la idea de ciudadanía, no en el origen. Las personas cultas y educadas discutían la naturaleza de la libertad y los problemas del sexo, de la misma forma en que lo hacemos nosotros hoy día. Pero esta ciudad cosmopolita también tenía un lado obscuro. La gloriosa constitución política resultó estar podrida por dentro. También existía la esclavitud, la inmundicia, y las enfermedades en todas partes. La muerte acechaba a la vuelta de la esquina en las calles, al igual que en el Senado. Al final, la República romana cayó totalmente por sí misma.

El fin de la República romana también fue un nuevo comienzo, ya que dio como resultado la fundación de una nueva era conocida como el Imperio romano. Este será el tema del segundo libro de esta serie.

Cronología

Puedes encontrar una línea de tiempo más precisa al final del libro. Por ahora, delineemos la historia de la República romana en unas pocas líneas. La mítica fundación de la ciudad se llevó a cabo en el año 753 a.C. El auténtico sistema político republicano romano se desarrolló hacia el final del siglo IV a.C. El tercer siglo fue un período de derramamiento de sangre, luchas e incertidumbre, marcado por las Guerras Púnicas. El segundo siglo fue la antítesis del anterior, las legiones romanas casi sin esfuerzo derrotaron a los pueblos helenísticos y a los reinos a lo largo del Mediterráneo. Roma se había vuelto gigante e inmensamente poderosa; y, pronto, corrupta también. El primer siglo a.C. es uno de los períodos más emocionantes en la historia del mundo y, especialmente, en la historia de la Antigua Roma. Se produjo una nueva agitación desde su interior. Este período se caracterizó por las peleas políticas, corrupción, anarquía y la guerra política. Unos pocos generales controlaban la escena política y tenían todo el poder, mientras que las instituciones tradicionales se volvían cada vez más inútiles. Esa fue la era de Cicerón y Catilina, Julio César y, ya hacia el final, del emperador Octavio Augusto, con quien este período (y este libro) termina y el próximo comienza.

Capítulo 1 – El Pasado que lo Hizo Posible: La Fundación de Roma entre Mito e Historia

La historia de la República romana comienza con un relato mítico. El emperador Octavio Augusto había empleado a varios trabajadores culturales notables, siendo Virgilio ciertamente el más importante, quien escribió un relato del héroe troyano Eneas, describiéndolo como el fundador de Roma. Augusto necesitaba crear un nuevo mito nacional y establecer una nueva—más agradable y limpia—identidad. Sin embargo, la primera historia auténtica de la que los romanos se hacían eco era la siguiente.

Hay algunas buenas razones para empezar la historia de Rómulo y Remo. En primer lugar, los romanos mismos incluían el relato en sus historias. No lo hacían porque fueran ingenuos; de hecho, eran tan escépticos acerca de la idea de un lobo que alimentaba a dos infantes humanos como lo somos nosotros. Contaban la historia una y otra vez porque era importante. Le daba—y todavía le da—una luz especial al sentido mismo de ser romano. Dice mucho acerca de quiénes eran los romanos y cómo se veían a sí mismos. Otra razón es que, simplemente, no tenemos más opción. No tenemos pruebas de que la historia fuera falsa o verdadera. Cualquier evidencia arqueológica ha sido devorada en la antigüedad, gracias al proceso constante e intenso de urbanización.

En último lugar, en un sentido más amplio del término, la historia de hecho incluye el conocimiento de mitos y leyendas. Sorprendentemente, parece ser que los romanos no pensaban mucho acerca del origen del mundo, dado que su mito central no trata sobre la creación del universo (aparte de la tendencia de hacer de Roma el centro de él), sino sobre la fundación de la ciudad. Por lo tanto, exploraremos más a fondo esta fascinante historia.

Una Historia de Violación, Asesinato y Rapto – la Leyenda de Rómulo y la Fundación de Roma

Los mitos son raros. La lógica del sentido común no ayuda a procesarlos. Todos los mitos tienen elementos extraños e ilógicos, pero este es particularmente extraño. La historia de Roma está llena de elementos poco heroicos – vamos a poner en el primer lugar de la lista el hecho de arrojar bebés recién nacidos. Sus protagonistas pertenecen al nivel más bajo de la sociedad e incluyen asesinos, posiblemente prostitutas (Livy[v] apunta a las similitudes entre la palabra "lobo" y una expresión coloquial utilizada para una "prostituta", y se pregunta si no era la segunda la que acogió y amamantó a los hermanos bebés), forajidos y fugitivos de toda la península y otros lugares remotos.

Hay muchas versiones diferentes de la historia, algunas fueron escritas en tiempos antiguos. Mientras que Cicerón evitaba escribir acerca de elementos sobrenaturales (solo menciona el detalle extraño de que el dios Marte era el padre de los mellizos y prosigue, concentrándose en los beneficios geográficos del lugar que Rómulo había elegido para la ciudad), otros escritores, como Ovidio, se burlaban criticando la manera en la que Rómulo resolvió el problema de establecer los primeros matrimonios y familias romanas. El relato más detallado de la vida de Rómulo y la historia de los comienzos de Roma – y con la que nos quedaremos – es la de Livy.

Primer Acto: Violación Divina e Infanticidio Fallido

Bueno, la historia es así. Había una vez, un pequeño reino llamado Alba Longa. Su rey, Numitor, fue derrocado por su hermano, Amulius. Para asegurarse de que no habría candidatos al trono por parte de la línea de su hermano, Amulius obligó a la hija de Numitor, Rhea Silvia, a convertirse en virgen sacerdotisa. Sin embargo, ella no era tan virgen; pronto fue evidente que estaba embarazada. Había dos explicaciones para el embarazo: Rhea Silvia aseguraba que el dios Marte la había violado; muchos historiadores antiguos creían su relato y escribieron acerca de un *falo incorpóreo saliendo de las llamas del fuego sagrado.*[vi] Livy, por otra parte, pensó lo que nosotros estamos pensando; el dios de la guerra era una invención conveniente para ocultar un asunto totalmente humano. Fuera como fuera, la sacerdotisa dio a luz a dos niños, y Amulius rápidamente ordenó a sus hombres que arrojaran a los recién nacidos al rio Tíber para que se ahogaran. Los sirvientes no fueron capaces de cumplir con la tarea, así que dejaron a los bebés en la orilla. Una *luperca* (una hembra de lobo o, como asumió Livy, una prostituta) los encontró y les ofreció la nutrición de sus pechos. Finalmente, un pastor compasivo los acogió.

La Loba Capitolina fue un icono de Roma desde la antigüedad. La edad y el origen de las figuras es un tema controvertido. Se pensó por mucho tiempo que la *Luperca* era una obra Etrusca del siglo V a.C., y que los gemelos se agregaron al final del siglo XV d.C., pero la datación por radiocarbono y termoluminiscencia ha resultado en que probablemente haya sido construida en el siglo XIII d.C.

Segundo Acto: Reunión Familiar y Fratricidio

Cuando crecieron, los legendarios hermanos accidentalmente conocieron a su abuelo Numitor, que los ayudó a reclamar el trono de Alba Longa, y los dejó establecer su propia ciudad. Desafortunadamente, no lograron ponerse de acuerdo en el valioso lugar en el que emplazarían la ciudad. De las famosas siete colinas, Rómulo eligió la Palatina, mientras que Remo optó por la Aventina. Rómulo no prestó atención a los deseos de su hermano y comenzó a construir defensas alrededor del lugar que él había elegido. Remo saltó sobre ellas desafiante, y Rómulo lo mató, gritando después: "Así será de ahora en adelante con todo aquel que salte por encima de mis muros".[vii]

Tercer Acto:

La ciudad había sido construida con Rómulo como su único soberano. Había solo un problema–Roma tenía muy pocos ciudadanos. A Rómulo se le ocurrió una idea innovadora y declaró a Roma como un asilo. Incentivó a los marginados del resto de Italia a que se le unieran. La ciudad pronto se llenó de criminales condenados, esclavos forajidos y otros inmigrantes. Pero no había mujeres, y sin mujeres, no había futuro. Rómulo ideó un nuevo plan astuto; invitó a los pueblos vecinos a un festival. Los sabinos y los latinos, familias enteras, vinieron en grandes números. En mitad de las actividades, Rómulo hizo señales a sus hombres para que capturaran a las mujeres jóvenes de entre sus invitados y se las llevaran para convertirlas en sus esposas. No existe un consenso acerca de cuántas novias accidentales fueron raptadas (las estimaciones varían entre 30 y 683), sin embargo, los primeros matrimonios romanos comenzaron con raptos masivos y violaciones.

Un Interludio Poético

"Oh, Rómulo, tú fuiste el único que supiste premiar a tus soldados; si me concedes el mismo galardón, me alisto en tu milicia".

–Ovidio, *El Arte de Amar*[viii]

Mientras que pensadores romanos "serios", tales como Cicerón, Livy y Salustio hicieron sus mejores esfuerzos para justificar o condenar las decisiones de Rómulo, los menos serios fueron abiertamente irónicos. El poeta Publius Ovidius Naso–popularmente conocido en nuestro siglo como Ovidio, el autor de *Metamorfosis*–incluyó la famosa leyenda en su trabajo más controvertido, *Ars Amatoria* (*El Arte de Amar)*. Ovidio se refiere a la violación de mujeres sabinas para señalar que el teatro siempre fue un buen lugar para conocer chicas. Fue Rómulo quien "primero alborotó los juegos escénicos con la violencia". Nunca sabremos a ciencia cierta si esas líneas (y muchas otras parecidas) impulsaron a Augusto a desterrar al poeta de Roma, o si *El Arte de Amar* fue solo una excusa para su expulsión, escondiendo algún secreto político. Augusto ciertamente tenía mucho que ocultar, y los contactos de Ovidio con los nietos del emperador llevaron al poeta a la desgracia. Su exilio fue revocado en el año 2017 d.C.[ix] Definitivamente, estamos de acuerdo en que fue un poco tarde.

Epílogo

Las mujeres sabinas capturadas–ahora esposas y madres–detuvieron con valor la guerra que se había iniciado después de su rapto. De acuerdo con la leyenda, las jóvenes esposas entraron al campo de batalla y rogaron ante ambos bandos–sus padres sabinos y sus esposos romanos–que dejaran de pelear. No querían convertirse en huérfanas o viudas, y declararon que preferían morir. Su mediación funcionó y resultó en la paz. Roma se convirtió en un pueblo compartido romano-sabino, bajo el gobierno conjunto de Rómulo y Tito Tacio, el rey sabino. Tacio fue asesinado algunos años después, al igual que muchos otros gobernantes y políticos romanos que morirían más adelante: de manera violenta, durante una protesta. El patrón de fratricidio y conflicto civil se estableció desde muy temprano en la historia romana.

Capítulo 2 – Abajo los Reyes: El Pasado que lo Causó

Según Livy, Roma fue gobernada por 'reyes'–siete de ellos–durante dos siglos y medio. Rómulo desapareció misteriosamente durante una tormenta. O ascendió a los cielos como el dios Quirino,ˣ o fue otro asesinato político, pero entonces se estableció una monarquía primitiva.

Todavía nos encontramos en algún lugar entre el mito y la historia. Las fuentes primarias que se refieren a este período son en parte fábulas y en parte historiografías, pero aun así son muy importantes para definir la historia de Roma. Muchos de los detalles que aludían a los reyes no tienen mucho sentido. Su cronología es claramente problemática; una sucesión de siete reyes en 250 años significa que cada uno gobernó durante más de tres décadas de media. Ese nivel consistente de longevidad es físicamente imposible. Era más probable que, o bien la monarquía durara mucho menos de lo que estimaban los romanos, o que hubiera más reyes durante ese período.

El primero de los seis reyes después de Rómulo fue un sabino llamado Numa Pompilio. Se dice que era un individuo llevadero que concibió la mayoría de las tradiciones religiosas romanas, incluso las Vírgenes Vestales, el título de Pontífice, e incluso el calendario occidental moderno con todos sus meses. El segundo monarca (o tercero, si contamos a Rómulo) fue Tulio Hostilio, un guerrero notable responsable de la demolición de Alba Longa, la ciudad ancestral de muchos romanos. Después vino Anco Marcio, el nieto de Numa. Era un guerrero como también un respetuoso de las tradiciones, y el fundador de la desembocadura, el puerto romano en Ostia. El cuarto rey después de Rómulo fue Tarquinio Prisco, también conocido como 'Tarquinio el Anciano'. A diferencia de sus predecesores en el trono, él era de origen etrusco. Expandió la ciudad, estableció el Foro Romano y los Juegos de Circo, e inició el trabajo del gran Templo de Júpiter en el Capitolio arriba del Foro. Su sucesor, Servio Tulio, fue un reformador político que ideó el censo romano y definió la ciudad mediante la construcción del Muro Serviano.

Un Parricidio: La Muerte de Servio Tulio, el Último Honorable Rey de Roma

Servio Tulio merece nuestra especial atención por distintas razones. Él era el "más sabio, más afortunado y mejor de todos los reyes de Roma".[xi] Sin embargo, fue el único rey cuyo nombre paterno fue omitido de la lista en el Foro. Los reyes romanos tenían distintos orígenes: Numa y Tito Tacio eran sabinos, Tarquinio el Anciano provenía de una familia de Etruria y era de origen griego (corintio). El caso de Servio Tulio era especial. De acuerdo a la leyenda, Servio no tenía padre; se dice que su madre (quien era sirvienta; de ahí el nombre de "Servio") se encontró y fue penetrada por un falo divino hecho de fuego.[xii] De hecho, él era o el hijo de un esclavo o un prisionero de guerra. Su caso es otro ejemplo de que, incluso en los inicios del orden político romano, los 'romanos' podían ser de cualquier procedencia. Incluso a aquellos que habían nacido en la máxima pobreza (como los antiguos esclavos con sus hijos) se les daba una oportunidad de progresar hacia la cima.

Y aún hay más. Servio Tulio fue el primero en organizar un censo de los ciudadanos romanos, registrándolos oficialmente en el cuerpo ciudadano y caracterizándolos en diferentes posiciones de acuerdo a su riqueza. Utilizó este censo para organizar el ejército romano y el sistema de votación y elecciones. El ejército se organizó en 193 'centurias', caracterizadas por el tipo de equipamiento que los soldados utilizaban. El equipo estaba relacionado con la categoría del censo. Se suponía que cuanto más rico el soldado, más grande y costoso era el equipamiento que podía obtener para sí. Se clasificaban ochenta centurias de hombres, desde los más ricos, con un juego completo de armadura pesada de bronce, hasta la quinta clase que solo estaba equipada con hondas y piedras.

De acuerdo a Livy, la República romana fue fundada mayormente sobre los esfuerzos y logros de Servio Tulio. Pero Livy tenía algo más interesante que contar, y esta era la parte más polémica de la historia. Servio Tulio tuvo dos hijas, y ambas se llamaron Tulia – Tulia la Mayor y Tulia la Menor. Él quería que ellas se casaran con los hijos de Tarquinio el Mayor, y así lo hicieron. Pero Tulia la Menor y Lucio Tarquinio (casado con Tulia la Mayor) planearon el asesinato de sus hermanos, entonces se casaron y organizaron el asesinato de Servio Tulio. La despiadada Tulia presionó a su esposo para que convenciera a los senadores en secreto, y este fue a la casa del senado seguido por un grupo de hombres armados. Lucio Tarquinio juntó a los senadores y dio un discurso condenando a Servio, resaltando que, a fin de cuentas, era un esclavo nacido de un esclavo. Dijo que Servio no había sido elegido por el Senado ni a través de un interregnum, que era la tradición para elegir a los reyes en Roma, y le fue dado el trono, en cambio, por una mujer. Más aún, Tarquinio criticó a Tulio por apoyar a las clases más bajas por encima de las más ricas. Tulio ciertamente tomó grandes porciones de tierra de las clases más altas y las distribuyó entre los pobres. Tarquinio no estaba contento con la institución del censo tampoco, dado que exponía a las prósperas clases altas a la envidia de las clases bajas.

El rey llegó al senado decidido a defender su posición, pero no tuvo la oportunidad de hablar. Tarquinio lo tiró escaleras abajo y ordenó a sus hombres que lo asesinaran en la calle. Por si esto fuera poco, Tulia vino con su carruaje y pisó el cadáver de su padre. Tarquinio incluso se negó a permitir que Tulio fuera enterrado debidamente, lo cual le ganó el sobrenombre de "Arrogante" o "Soberbio" (Superbus).

Tulia Haciendo Pasar su Carro Sobre el Cuerpo de su Padre[xiii]

El Rey Arrogante y la Muerte de la Monarquía Romana

El último rey romano fue el hijo de Tarquinio Prisco, Lucio Tarquinio el Soberbio, conocido como 'Tarquinio el Soberbio', un tirano desconfiado que liquidaba a sus oponentes sin piedad. Estaba casado con la hija de Servio, pero lo derrocó y tomó todo el poder. Gobernó mediante el miedo, ignorando al Senado, que ya se había establecido y tenía como función aconsejar al rey.

Tarquinio el Soberbio (o Tarquinio el Arrogante) egoístamente explotaba a los romanos y los obligaba a trabajar en sus proyectos de construcción. El comportamiento de este rey y su familia eventualmente causó una revuelta pública. El punto de quiebre fue otra violación; uno de los hijos del rey, Sexto Tarquinio, violó a la virtuosa Lucrecia. La inocente víctima se quitó la vida con un cuchillo y comenzó una revuelta, la cual causó el final de la monarquía y el establecimiento de la 'República Libre de Roma' hacia el final del siglo VI a.C.

El hombre que presentó el cuchillo que apuñaló el corazón de Lucrecia fue Lucio Junio Bruto, el ancestro de un Bruto más famoso -quien conspiró contra Julio César. Bruto juntó a los romanos y desterró a Tarquinio y a su familia. En el año 510 a.C., la monarquía romana había llegado a su fin. Dos cónsules electos remplazaron al rey en lo más alto de la sociedad, y se fundó la República romana. Los primeros dos cónsules fueron Colatino, el viudo de la desafortunada Lucrecia (y anteriormente un buen amigo de los hijos de Tarquinio), y Bruto.

Los Romanos contra los Reyes

Los antiguos romanos tenían una relación algo problemática con su historia, especialmente con sus reyes. Tarquinio el Soberbio era abiertamente despreciado y, después de su espectacular caída, los reyes se convirtieron en un objeto de odio. No había nada más peligroso políticamente que ser acusado de querer ser nombrado rey. Incluso los emperadores eran muy cautelosos y nunca toleraban ser llamados "rey". Pero los escritores romanos vieron este tema de manera un poco diferente; reconocieron el periodo real como la fuente de sus mayores instituciones religiosas y políticas. Rómulo fundó la ciudad y otros reyes la desarrollaron. Incluso cuando más adelante fueron despreciados, los reyes fueron reconocidos como los creadores de Roma. Esto a veces era exagerado; los antiguos historiadores de Roma tendían a describir el período real como algo más moderno y sus logros descritos de forma más grandiosa de lo que fueron o podrían llegar a ser.

Capítulo 3 – Los Comienzos de la República

El Amanecer de la Libertad

Muchos contemporáneos y antiguos historiadores celebraron el final de la monarquía como el nacimiento de la libertad, así como también de la República romana libre. La ciudad de Roma tuvo un nuevo comienzo, concebida ahora como una 'cosa pública' (*res publica*). Se estableció una nueva forma de gobierno. Bruto y Colatino (el segundo desafortunadamente fue exiliado poco tiempo después debido a sus lazos familiares; era, de hecho, otro Tarquinio, siendo su nombre completo Lucio Tarquinio Colatino) se convirtieron en los primeros cónsules de Roma. Los cónsules eran los oficiales públicos centrales de la República, a cargo de muchos aspectos que solían ser los deberes del rey. Se encargaban de las políticas de la ciudad y eran generales militares. En cierto modo, su papel era muy similar al de un rey y su poder a veces entrañaba una cualidad 'monárquica' en el sistema político romano. Sus emblemas y símbolos de oficio eran muy similares a los de sus predecesores reales. Pero había una diferencia considerable entre los dos regímenes políticos. Los cónsules eran enteramente elegidos por el voto de las personas de Roma, y podían mantener la función solo durante un año a la vez. Una de sus responsabilidades era presidir sobre la elección de sus sucesores. Finalmente, el poder de los cónsules era limitado y temporal; siempre se compartía entre dos cónsules y duraba hasta un año.

Todavía no está claro cómo y cuándo exactamente esa *res publica* comenzó. Livy y otros historiadores antiguos presentaron una narrativa clara de lo que muy probablemente sería el caos. ¿Fueron Bruto y Colatino realmente los primeros cónsules o fue solo que algunos romanos dijeron que lo fueron mucho tiempo después? Es muy probable que lo que sucediera fuera lo segundo. A los escritores antiguos les encantaba imaginar que sus instituciones tradicionales se remontaban mucho más atrás en el tiempo de lo que realmente lo hacían. [xiv] A diferencia de la muy celebrada tradición, el nuevo orden y la forma de gobierno totalmente diferente no podían establecerse de forma instantánea. Fue un proceso gradual, lento y desordenado, que tardó siglos. Las instituciones representativas romanas tomaron forma en algún punto entre el año 500 a.C. (el final de los Tarquinios) y 300 a.C. (el tiempo de Escipión Barbado). Durante este período, los romanos definieron progresivamente los principios subyacentes de las políticas republicanas y libertades civiles; formularon 'qué es ser romano' y 'su manera de hacer las cosas' que caracterizaron su posterior expansión imperial. El elemento más importante que distinguía a Roma de todas las otras ciudades-estado clásicas eran sus nociones de ciudadanía, derechos civiles, y responsabilidades, que todavía sobreviven en nuestros tiempos. En algún momento durante esos dos siglos, Roma finalmente empezó a verse como 'romana'.[xv]

El Choque que Definió a Roma: El Conflicto de los Órdenes y las Doce Tablas

Entonces, ¿qué pasó durante esos doscientos años? Los siglos quinto y cuarto a.C. estuvieron llenos de conflictos y tensiones internas y externas. Las políticas internas en el comienzo de la República romana se caracterizaron por una disputa entre los patricios y los plebeyos. El término moderno para referirse a este enfrentamiento es el 'Conflicto de los Órdenes'. La historia dice así: Después de la expulsión de Tarquinio el Soberbio, el poder cayó en manos de un grupo de familias aristócratas conocidas de manera colectiva como patricias.[xvi] Solo los miembros de estas familias podían tener oficios religiosos y políticos. Ellos eran quienes elegían (de entre ellos) dos magistrados anuales llamados 'cónsules' y, a veces, durante períodos de crisis, elegían a un dictador para que se hiciera cargo absoluto de los asuntos militares. Entonces, en algún momento entre 494 y 287 a.C., el poder y supremacía patricia fueron desafiados por protestas plebeyas.[xvii]

El antagonismo entre los patricios y los plebeyos no era simplemente una mera antipatía entre ricos y pobres. Los plebeyos no eran solo los pobres de Roma. Todos los ciudadanos romanos que no eran miembros de ninguna de las poquísimas familias patricias (como Claudii, Julii, y Cornelii) se categorizaban como plebeyos. Algunos de ellos eran muy adinerados, y no aceptaban de buena gana el no participar en estructuras gubernamentales; ellos requerían una participación igualitaria en el poder político.

Aunque no podían usar el sistema político existente (el cual estaba complemente bajo el control patricio), tenían el apoyo de la mayoría del pueblo romano.

Los romanos más pobres hacían un gran esfuerzo para mantener sus cultivos durante el servicio militar. Algunos de ellos recurrían a los patricios para obtener ayuda e incurrían en deudas; de esa manera, se volvían más vulnerables y dispuestos a aceptar el abuso de sus acreedores. Los pobres se estaban convirtiendo poco a poco en esclavos de los patricios, y su posición se volvió insostenible. En el año 494 a.C. los plebeyos se sublevaron en contra del trato patricio hacia aquellos que caían en deudas,[xviii] así que decidieron hacer una huelga. Cuando los cónsules ordenaron la salida del ejército en el año 494 a.C., los plebeyos se negaron a acudir. En cambio, se juntaron a las afueras de Roma y se negaron a unirse al ejército hasta que los patricios les concedieran algún tipo de representación. Este evento es conocido como la Primera Secesión de la Plebe. Los patricios no tuvieron más opción que hacer concesiones; les otorgaron a los plebeyos el derecho de formar el Concilium Plebis (Asamblea de la Plebe) y elegir a sus oficiales –los tribunos– para proteger sus derechos. Esta fue una primera gran victoria para la plebe, pero su posición todavía distaba mucho de ser perfecta. Los patricios aún controlaban la ley (no había un código legal escrito en ese tiempo; los patricios preservaban la ley no escrita de las costumbres y juzgaban de acuerdo a ella) y los plebeyos todavía estaban expuestos a la explotación. La primera ley escrita, llamada Doce Tablas, fue compuesta en el año 450 a.C., debido a la revuelta en contra de la justicia patricia arbitraria. Los plebeyos podían conocer la ley por primera vez en la historia de Roma, y su posición mejoró considerablemente.

Las Doce Tablas tenían algunos detalles incómodos. Mezclar las clases, por ejemplo, estaba estrictamente prohibido, y el matrimonio mixto entre patricios y plebeyos no estaba permitido. Se aprobaron algunas leyes más importantes en los años subsiguientes; ya no era posible esclavizar a un ciudadano romano a raíz de la deuda. A todos los ciudadanos se les otorgó el derecho de *provocatio ad populum,* lo cual significaba que podían apelar ante el pueblo en contra de las decisiones tomadas por un magistrado. En el año 449 a.C. (y otra vez en el año 287 a.C.), una ley declaró a toda la población (tanto patricios como plebeyos) sujeta a los plebiscitos. En el año 445 a.C., la ley que prohibía el casamiento entre clases fue revocada. En las siguientes décadas, los cónsules fueron frecuentemente reemplazados por varios tribunos militares con poder consular; entre los años 391 y 367 a.C., hubo seis tribunos consulares,[xix] y los plebeyos eran elegibles para participar en las elecciones para esta función al igual que los patricios.[xx] El año 367 a.C. trajo consigo una serie de cambios y nuevas leyes; en los años siguientes, los plebeyos frecuentemente fueron elegidos como cónsules, dictadores[xxi], censores, pontífices, pretores y augures. Desde el año 342 a.C. en adelante, los plebeyos tuvieron acceso a casi todos los oficios significativos políticos y religiosos. Todavía existía la distinción de clases por nacimiento, pero emergió una nueva aristocracia romana. La nueva clase gobernante consistía tanto de patricios como de familias plebeyas pudientes.

Con respecto a los plebeyos más pobres, todavía debían esperar tiempos mejores. Sus intereses eran distintos de los de sus líderes. Estos líderes eran hombres de propiedades sustanciosas, y aspiraban a ser políticamente poderosos. Los plebeyos ricos querían contribuir a las instituciones romanas de las cuales eran excluidos por su nacimiento, y lo lograron; la exclusividad patricia se disminuyó. Paso a paso, nuevas reformas y legislaciones permitieron a los plebeyos casarse con patricios y viceversa. La élite plebeya gozaba de los mismos privilegios que los patricios hacia el año 300 a.C. Pero los romanos pobres todavía vivían en condiciones no adecuadas, lo cual resultó en otra secesión de la plebe –la tercera y última– en el año 287 a.C.

Una república tomó forma cuando las leyes fueron registradas, y los patricios fueron obligados a reconocer los derechos, instituciones y organizaciones de los plebeyos. Se había creado un delicado balance de poder, y funcionaba la mayor parte del tiempo. Pero no funcionaba sin errores. Los tribunos –oficiales de la plebe– tenían un poder importante a su discreción: el veto. Podían utilizar este poder para impedir cualquier cosa que fuera en contra de los intereses de los plebeyos. Sin embargo, esos plebeyos que eran lo suficientemente ricos y poderosos para lograr ser elegidos como tribunos tenían intereses similares a los de los patricios, en vez de los de los plebeyos desfavorecidos. Las reformas que hemos mencionado solo eran un paso hacia la madurez de la república, la cual se desarrolló totalmente durante los siguientes dos siglos.

Día a Día de Romanos Comunes en la República

El más alto y más sagrado deber de todos los hombres libres romanos, ya fueran patricios o plebeyos, era el que debían a su país. Estaban obligados a ingresar al servicio militar cuando se les necesitaba; por tanto, ir a la guerra y volver victorioso era el más alto honor que, además, traía aparejado prestigio social y gloria. El salvar al estado del peligro y aumentar su gloria y riqueza estaba profundamente arraigado en el ethos romano. Los logros militares también eran la manera más conveniente para los plebeyos de subir en la escala social y convertirse en novi homines, u hombres nuevos –esto es, convertirse en senadores o incluso cónsules, dotando a sus familias de nobleza recién forjada. Esta es la razón por la cual la jerarquía social romana no era tan rígida como en la mayoría de las otras sociedades antiguas. Es probablemente una de las razones de la supremacía romana política y militar en sus días más gloriosos. Cuando el imperio comenzó a colapsar, muchos romanos interpretaron que fue debido a la total degradación moral dentro de la nobleza y porque los nobles pusieron sus intereses personales y su riqueza por encima de su oficio y su servicio al estado.

La ciudadanía no se tomaba a la ligera en la República romana. Por el contrario, era la muestra pública del mérito personal. Solo los hombres dueños de propiedades podían ser ciudadanos y tenían derecho a votar. Sin embargo, los que no eran ciudadanos tenían un papel significativo en la economía de Roma; los esclavos traídos de las conquistas militares romanas eran una maquinaria enorme que llevaba a cabo todos los trabajos no cualificados: trabajaban la tierra, mantenían los hogares pudientes, educaban a los niños patricios y trabajaban en las minas. Cientos de miles de esclavos fueron traídos de campañas extranjeras. Según algunos historiadores, era precisamente la dependencia de los esclavos lo que entorpeció las mejoras tecnológicas en Roma y contribuyó a su caída. Sin embargo, los romanos sacaron ventaja de la diversidad dentro de su casta de esclavos; los prisioneros de guerra educados fueron tomados como educadores, maestros y sirvientes domésticos, mientras que aquellos que eran considerados bárbaros eran puestos a realizar tareas físicas pesadas en las plantaciones y minas. A través de la conducta excepcional o algún logro significativo, los esclavos podían ganar el derecho a la libertad, aunque era realmente muy difícil; sin embargo, incluso esta libertad no sería completa, ya que todavía estarían obligados a obedecer a sus antiguos señores y a serles leales.

El segundo epicentro sagrado era la familia. Incorporaba el estatus social de sus miembros como también el ethos general romano, el cual dictaba una jerarquía rígida. El estatus social de un hombre y su afiliación a una familia específica se reflejaban en su nombre, fusionando su figura pública y su identidad privada. Por otro lado, las mujeres solo tenían un nombre que simplemente derivaba del segundo nombre de su padre –por ejemplo, la hija de Publio Cornelio se llamó Cornelia a secas. El pater familias era el que tomaba las decisiones y el amo absoluto de su hogar, familia, y todos los demás miembros de la familia, sus vidas y su libertad. Tenía poder legal y autoridad sobre todos los asuntos familiares; podía incluso matar a su esposa o hijos o venderlos para ser esclavos sin ninguna consecuencia legal. Sus ancestros, incluso después de muertos, eran considerados factores significativos y activos en el presente; sus máscaras de muerte solían colgar de las paredes de su hogar, recordándole su legado y sus deberes. El atrio era una mezcla única de lugar público y privado, el sitio donde se llevaban a cabo reuniones y se conducían negocios.

Por lo tanto, el matrimonio en las clases más altas no era una unión privada entre dos personas que se amaban. Considerando la importancia de la familia, el matrimonio se realizaba para fortalecerla y contribuir a su bienestar. Por ello, se consideraba como un asunto económico y político que era arreglado por los ancianos de las dos familias involucradas. Los matrimonios usualmente eran organizados a temprana edad para el futuro, cuando los contrayentes tuvieran la edad suficiente. La diferencia de edad no era un problema; Julio César casó a su hija adolescente con Pompeo, que era algunos años mayor que él, para fortalecer los lazos políticos entre las dos familias. Los novios llevaban a sus esposas a sus casas para extender el linaje familiar dentro del núcleo de su herencia –y esa era su casa ancestral.

Las Mujeres en Roma

No hay mucha evidencia escrita acerca de las mujeres, dado que mayormente eran confinadas al hogar y al lugar doméstico de esposas, hijas y administradoras de la casa. Incluso aquellas que eran libres de nacimiento, siempre estaban bajo la completa autoridad de sus padres y esposos. Entre las excepciones se encontraban las Vestales, sacerdotisas vírgenes en los templos de Vesta, la diosa de la tierra. Su rol principal era el de mantener la llama sagrada, y, por lo tanto, eran extraordinariamente respetadas, pero también castigadas con severidad si descuidaban sus tareas de alguna manera. Su oficio no era por definición de por vida; podían casarse y tener hijos más adelante en sus vidas si así lo deseaban. Con respecto a las mujeres de clase alta, usualmente no tenían propiedades –si las tenían, estaban totalmente a disposición de sus esposos. Podían heredar dinero de sus padres, y normalmente se les daba una dote cuando se casaban. La dote era la única posesión femenina que estaba totalmente en sus manos para hacer con ella lo que quisieran; si el esposo necesitaba tomar prestado ese dinero, estaba obligado a saldar su deuda tan pronto como las circunstancias lo permitieran.

Las mujeres patricias podían ser muy educadas, pero la mayoría de ellas no tenía oportunidad de demostrar su valor ni la posibilidad de participar en la vida pública. Incluso si una mujer era prominente y gozaba del respeto público, era debido a la posición social de su padre o su esposo. Por ejemplo, la anteriormente mencionada Cornelia era respetada por ser la hija de Escipión, la esposa de Tiberio Graco y, subsecuentemente, la madre de los hermanos Graco. Como tal, se la consideraba un paradigma de la virtud de la mujer en la antigua Roma –un ejemplo de lealtad, modestia, nobleza y fertilidad, como madre de doce hijos y, por lo tanto, un ejemplo perfecto de matrona.

Vida Pública

La vida pública era extraordinariamente vívida y desarrollada en la Antigua Roma. En gran parte era financiada por el Senado y los patricios ricos, que consideraban que era su deber construir baños públicos, teatros, anfiteatros para los juegos de gladiadores, patrocinar y organizar carreras de cuadrigas y otros medios de entretenimiento para las masas de la ciudad. Los baños públicos no solo se construían en las ciudades, sino también en las aldeas y otras comunidades pequeñas. Los juegos de gladiadores fueron muy sintomáticos de la evolución de Roma a lo largo de los siglos; al principio, eran parte de las ceremonias funerales e incluían solo unos pocos guerreros para honrar al hombre fallecido. Con el tiempo, evolucionaron hasta convertirse en grandes espectáculos públicos, costosos y extravagantes, financiados por emperadores y magistrados para ganar popularidad y el favor público. A menudo duraban hasta meses, con miles de gladiadores masacrándose entre sí y a los animales salvajes frente a espectadores entusiastas.

La religión y los rituales permeaban todas las esferas de la vida pública y privada. En gran parte, la religión fue adoptada de los griegos que habían habitado la península italiana en los primeros días de Roma; por lo tanto, el dios mayor era Júpiter, una versión romana de Zeus, y Juno, su esposa, derivaba de la Hera griega. El dios de la guerra Marte era el equivalente del Ares griego, y Venus de Afrodita, la diosa del amor y la belleza. Pero había también otras deidades adoptadas de otras culturas, tales como el sabino Quirino, que era considerado el dios del estado romano. A todas las decisiones importantes políticas y militares les seguían sacrificios a los dioses, buscando su aprobación, protección y bendición; marzo, siendo el primer mes del año, rebosaba de festivales para celebrar la inauguración de la nueva temporada de campañas de guerra. La vida diaria de los romanos también estaba influenciada por espíritus menores, que eran considerados los guardianes de sus hogares –tales como Lares y Penates. Cada hogar tenía un pequeño santuario dedicado a esos espíritus. Los rituales eran considerados como la manera más importante de invocar a los dioses y conectarse con ellos. Para predecir el futuro, los sacerdotes romanos (*augures* y *haruspices*) miraban el cielo observando las condiciones climáticas, los vuelos de las aves y examinaban las entrañas de animales sacrificados, de manera muy similar a lo que hacían los etruscos.

Para mantener el pax deorum (la paz de los dioses) y tener a los dioses de su lado, organizaban festivales anuales, en los que participaban todos los ciudadanos.

Capítulo 4 – Logros Militares de los Comienzos de la República: Tomar Italia

Roma estaba casi constantemente en estado de guerra –al igual que otras ciudades y estados italianos. Esa es la razón por la que las secesiones de la plebe tuvieron resultados tan profundos: Roma necesitaba que estos hombres cumplieran el servicio militar.

El ejército romano peleó primero con las tribus vecinas: etruscos, samnitas, y otras dentro de Italia. En las eras por venir, los romanos dominarían el Mediterráneo y lugares tan distantes como Britania y Asia Menor. Pero en sus comienzos, Roma simplemente necesitaba asegurar sus fronteras y mantener el orden interno durante las guerras civiles.

Los romanos no comenzaron con un plan maestro sobre cómo conquistar el mundo. Las primeras guerras en los inicios de la República romana fueron mayormente defensivas. Roma se protegía de las ciudades y pueblos vecinos, pero también estableció su territorio en la región.[xxii] En los primeros tiempos de la República, los ejércitos etruscos atacaron Roma dos veces. El rey derrocado Tarquinio el Soberbio era etrusco, y él inició estos ataques para reclamar su trono, o para vengarse del pueblo romano que lo había expulsado. Los romanos pelearon valientemente y ganaron. La defensa romana impresionó e inspiró a otras ciudades latinas y en (aprox.) 506 a.C. crearon la Liga Latina, decididos a deshacerse de los etruscos de una vez y para siempre. Treinta ciudades (sin contar a Roma) colaboraron y pelearon juntas. Los etruscos atacaron a la Liga tan pronto como se formó, pero sin éxito. El esfuerzo conjunto funcionó; la Liga aisló a los etruscos del sur de Italia en la Batalla de Aricia y los debilitó de forma permanente.

A pesar de tener un enemigo común, la Liga y Roma no eran aliados, por lo menos no al principio. La razón era obvia: los latinos no estaban contentos con el poder creciente de Roma. Los dos bandos pelearon en el Lago Regilo en el año 496 a.C., pero la batalla terminó apenas comenzada, debido a motivos políticos. Los latinos necesitaban la ayuda de Roma en contra de las tribus de las montañas que estaban descendiendo para invadir sus tierras. Hicieron un trato y, por consiguiente, las ciudades latinas se volvieron parte del sistema romano.

Los Galos

La nueva amenaza vino de los celtas galos alrededor del año 390 a.C. Los galos ingresaron al norte de Italia y amenazaron la ciudad etrusca de Clusio. Los etruscos necesitaban la ayuda de Roma, y la obtuvieron. Roma rechazó a los invasores, pero poco tiempo después, un ejército galo regresó, llegando hasta el río Alia -apenas unos 15 kilómetros (aprox.) al norte de Roma. Los ejércitos se encontraron, y los galos ganaron, infligiendo serios daños al ejército, la tierra y la economía romana. Esta fue una lección dura para Roma, pero sustancial para su maduración. Se llevaron a cabo una serie de cambios económicos y políticos, y la influencia de la plebe aumentó todavía más. Se les otorgó la ciudadanía romana a los nuevos recién llegados, así como también a ex esclavos (que no tenían derecho al voto, pero sus hijos sí). Al mismo tiempo, se había resaltado de forma adicional la importancia del servicio militar. Los romanos estaban decididos a reparar el daño y fortalecerse nuevamente. Aprendieron bien su lección y decidieron que nunca nadie volvería a capturar Roma. Se construyeron murallas enormes[xxiii] para frenar a cualquiera que quisiera invadir la ciudad. Cando los galos llegaron para invadir Roma nuevamente en el año 360 a.C., no pudieron penetrar las murallas y, después de un tiempo, simplemente regresaron a casa. La construcción de los muros no fue el único método de defensa de los romanos; reestructuraron el ejército completamente para hacerlo más capaz de resistir un ataque bárbaro de alta velocidad. Unidades pequeñas y flexibles reemplazaron la infantería aparatosa y las tropas fueron armadas con jabalinas y espadas. De ser una fuerza meramente defensiva, el ejército romano llegó a convertirse en una fuerza amenazadora. Entonces, cuando los etruscos, incentivados por la invasión de los galos del año 360 a.C., intentaron invadir Roma nuevamente, los romanos –ahora los líderes regionales– reorganizaron la Liga Latina y derrotaron a los etruscos de una vez por todas.

Los Samnitas

Los romanos y los latinos estaban establecidos en las planicies al oeste de los montes Apeninos, que eran el hogar de distintas tribus conocidas colectivamente como los samnitas. Entraban en los territorios los unos de los otros, y el choque era inevitable. Por temor a otra invasión gala, ambos bandos firmaron un tratado en el año 354 a.C., pero no fueron aliados durante mucho tiempo. Cuando los samnitas comenzaron a fastidiar la ciudad campania de Capua, los capuanos acudieron a Roma para pedir ayuda. Los romanos estaban entusiasmados con la oportunidad de obtener el control de toda la región de Campania, entonces cambiaron de bando y ahuyentaron a los samnitas de Capua y las áreas de alrededor. La llamada primera guerra samnita duró desde el año 343 al año 341 a.C. y finalizó sin un vencedor. Ni los romanos ni los samnitas podían persistir en la lucha; ambos bandos necesitaban ocuparse de sus problemas. Los romanos tenían que lidiar con los motines dentro del ejército porque los soldados no estaban dispuestos a estar lejos de casa durante tanto tiempo. Los samnitas, por otro lado, estaban expuestos a ataques desde Tarento, una colonia griega en el sur de Italia. El tratado entre romanos y samnitas se renovó, pero otra amenaza estaba en camino. Los latinos, viendo una oportunidad en los motines dentro del ejército romano, hicieron una alianza con Campania y Volsci, y demandaron la restauración de la igualdad entre ellos y Roma. Pero los romanos no eran tan vulnerables como parecían. Usaron el acuerdo con los samnitas para avasallar tanto a los latinos como a los campanos. Después de eso, los romanos establecieron un acuerdo con los campanos y, finalmente, desarmaron la Liga Latina. La técnica llamada "divide y vencerás" –poner a una tribu en contra de otra– era una de las especialidades de Roma. Cada ciudad que solía ser parte de la Liga Latina fue obligada a enfrentarse a Roma individualmente y aceptar un cambio profundo en su estatus. En el año 338 a.C. todo se convirtió en municipae (municipalidades) o colonias de Roma. Estas ciudades preservaron su identidad y autonomía local parcial, pero sus habitantes se volvieron parte del sistema legislativo romano.

Los poderosos romanos hicieron un acuerdo con la ciudad griega de Tarento, la cual era enemiga de los samnitas. Entonces, los samnitas hicieron las paces con Tarento, atacaron el puerto griego de Neápolis y, de manera indirecta, amenazaron a los capuanos, quienes, en respuesta, acudieron a Roma para obtener ayuda. Los romanos acudieron y comenzó la segunda guerra samnita en el año 326 a.C. La guarnición samnita tuvo que abandonar su plan de invadir las planicies de la costa occidental, y volvieron a Samnio. No ocurrió nada significativo durante los siguientes años, pero la tensión continuaba. Los romanos se sentían incapaces de pelear en el terreno montañoso de los samnitas. Los samnitas, por su parte, no podían hacer nada en las planicies, con la presión de las guarniciones romanas. En el año 321 a.C., los romanos, ansiosos por luchar, dirigieron sus fuerzas desde Capua para atacar a los samnitas en su tierra. El ejército romano se dirigía a Samnio, pero los samnitas los atraparon y los obligaron a rendirse. Los samnitas creían que habían ganado; sin embargo, los romanos se reagruparon rápidamente. Esta era una de las grandes ventajas romanas; después de cada derrota, su ejército se hacía más y más grande y las estrategias mejoraban. En el año 316 a.C., los samnitas ganaron otra batalla, pero en el año 314 a.C. devolvieron el control del territorio circundante a las montañas. En el año 304 a.C. se hizo la paz, pero en el año 298 a.C. comenzó la tercera guerra samnita, y duró casi una década. Los samnitas tenían el apoyo de los etruscos y los galos; había sido difícil pelear contra un enemigo tan serio y los romanos perdieron una batalla tras otra, pero eventualmente lograron matar al líder samnita Gelio Egnacio. El probable desastre resultó ser el triunfo romano. Se hicieron aliados de los ayudantes samnitas, y finalmente de los samnitas también –bajo las condiciones romanas, por supuesto.

Los Griegos

Los romanos gradualmente ganaron el control de la mayor parte de Italia. El último territorio del cual encargarse era el sur de Italia o Manga Graecia ('Gran Grecia'), controlado por las colonias griegas, incluso Tarento. Los tarentinos eran ricos; su economía pujante les permitía manejar un ejército enorme. También tenían una gran fuerza naval y podían incluso pagar a mercenarios para ayudarles cuando era necesario. En el año 334 a.C., los gobernantes de Tarento emplearon a Alejandro de Epiro[xxiv] para ayudarles a resistir las invasiones de los samnitas y los lucanos. Alejandro resultó estar más interesado en apropiarse de su propio imperio, y los tarentinos no se sintieron particularmente conmovidos cuando los lucanos lo mataron.

Los romanos eran ambiciosos, y los tarentinos estaban preocupados. El poder y la influencia de Roma eran enormes. Cuando algún lugar se sentía amenazado, acudían a los romanos. Entonces, cuando los romanos enviaron sus barcos a la cercana ciudad griega de Turio, los tarentinos los atacaron y los superaron. Se sintieron muy tranquilos porque habían empleado al principal soldado griego de la época, el Rey Pirro de Epiro, y su ejército de 25.000 hombres y 20 elefantes de guerra, que le habían pedido prestados al gobernador egipcio Ptolomeo II. Pirro ganó en el año 280 a.C. en Heraclea, y nuevamente en el año 279 a.C. en Ásculo, pero esta última fue una batalla muy costosa con grandes pérdidas. Desde la perspectiva de Pirro, no valió la pena; entonces, en cambio, fue a pelear con los cartagineses. Mientras, los romanos atacaron a los samnitas y los lucanos, quienes en el año 276 a.C. le pidieron a Pirro que volviera a ayudarles. Él acudió, pero los romanos lo derrotaron en Benevento. Al margen de la expresión 'Victoria de Pirro', que significa una victoria que no vale la pena, a Pirro se lo recuerda por su muerte extraordinaria. Después de todas las batallas y guerras en las que participó, murió en un accidente cuando una teja que arrojaron por una ventana le cayó en la cabeza.

Pirro pasó a la historia y un mundo de posibilidades se abrió ante los romanos. En el año 272 a.C. tomaron Tarento y, finalmente, ganaron control de toda la península italiana. Todas las ciudades griegas quedaron sin más opción que entrar al sistema romano y convertirse en *socii* (aliados). Al igual que las ciudades latinas que tenían que proveer tropas, las ciudades griegas proveyeron barcos. La península ahora se componía de colonias romanas.

La supremacía romana no pasó inadvertida para los otros ejércitos poderosos del Mediterráneo, y tanto los cartagineses como los egipcios empezaron a hacer tratos de amistad con la República romana.

Capítulo 5 – En Medio de la República: Las Guerras Púnicas y Dominio del Mediterráneo

Hacia el año 275 a.C. la República romana estaba firmemente establecida y sus estructuras políticas y sociales totalmente definidas. El liderazgo en conjunto del Senado le otorgaba estabilidad y dirigía las ambiciones de la élite. La población tenía voz a través de las asambleas y elecciones, y, a su vez, los romanos comunes contribuían de buena voluntad con las campañas militares. La gran red de aliados romanos, que iba desde las ciudades y tribus latinas cercanas hasta las del sur, previamente conocidas como Magna Graecia, agrandaban el poder de Roma y le daban control sobre toda Italia. Sin embargo, la República todavía era un jugador regional, no uno mediterráneo. Pero esto cambió durante el siglo III a.C. La expansión de las expectativas romanas fuera de Italia llevaron a Roma a estar en conflicto directo con un enemigo terrorífico – Cartago en África de Norte. Roma peleó contra Cartago en las Guerras Púnicas entre los años 264 y 146 a.C. La República romana casi fue destruida en giros y vueltas dramáticos, pero venció finalmente, convirtiéndose en una genuina potencia mediterránea.

Los Fenicios (*Punici*) y Cartago

El antiguo Cartago fue arruinado totalmente y no sabemos nada desde su punto de vista sobre las Guerras Púnicas; interpretamos sus motivos y acciones gracias a los textos históricos escritos por Livy y Polibio.[xxv] Después de todo, la historia siempre ha sido escrita por los vencedores, especialmente en tiempos antiguos donde las grandes civilizaciones fueron devastadas sin dejar registros escritos propios. Por lo tanto, para nosotros, los fenicios eran simplemente los enemigos de Roma. Pero gracias a los historiadores romanos, por más parciales que puedan ser, podemos conocer más acerca de esta impresionante sociedad antigua.

Cartago era ciertamente poderosa. La ciudad fue fundada en el año 800 a.C. por los fenicios, que venían de la ciudad oriental de Tiro (actualmente Líbano) y se especializaban en el comercio marítimo. Cartago estaba situada en un puerto natural de primera clase en el cabo que hoy pertenece a la ciudad de Túnez. Cartago controlaba la totalidad del comercio en la parte occidental del Mediterráneo y, de acuerdo a Polibio, era 'la ciudad más rica del mundo'. Su lucrativo imperio se expandía por África del Norte, parte de España, y las (entonces griegas, ahora italianas) islas de Cerdeña y Sicilia.

Mientras que Roma dependía principalmente de la agricultura, la gente de Cartago se dedicaba al comercio y a la industria. Las estructuras políticas y militares de los dos bandos eran igualmente distintas. Roma era, como hemos reflejado, una república totalmente desarrollada, y Cartago era una oligarquía, con las familias más adineradas en el poder. Su ejército estaba formado por mercenarios – la caballería de élite de Numidia y once elefantes de África del Norte– dirigidos por oficiales cartagineses. Cartago dependía particularmente de su impresionante fuerza naval, aproximadamente 200 *quinquerremes*, magníficas galeras de 45 metros de largo, cada una con 120 marinos de ataque. Con una fuerza naval tan impresionante y eficiente y hombres tan bien entrenados, Cartago controló el occidente del Mediterráneo durante años. Hasta que, más tarde, surgió Roma.

La Primer Guerra Púnica

A medida que la República romana se fortalecía, la rivalidad con Cartago se hacía inevitable. Las dos fuerzas estaban en buenos términos al principio; incluso firmaron un tratado durante la Guerra Pírrica. Esta alianza fue útil en contra de la agresión de Pirro, pero, después de que fuera derrotado, las cosas cambiaron drásticamente. Ahora Roma controlaba toda Italia, incluso el área más al sur y, naturalmente, sus actividades se extendieron a Sicilia, que estaba bajo el dominio cartaginés. Durante siglos Cartago peleó en contra de Siracusa y otros griegos para lograr la dominación del territorio. Pero entonces, una banda de mercenarios italianos llamados *los hijos de Marte (Mamertinos)* conquistó la ciudad siciliana de Mesina y atacaron el territorio cartaginés y siracusano. Los ataques comenzaron en el año 288 a.C., y en el año 265 a.C. facciones opuestas dentro de Mesina acudieron a Roma y Cartago para pedir ayuda. Cartago envió una flota, pero un ejército romano llegó a Sicilia y obligó al comandante cartaginés a entregar el pueblo. Siracusa se unió a Roma en contra de Cartago, y así comenzó la primera guerra púnica en el año 264 a.C.

Las Ambiciones Romanas

Es fácil entender por qué los cartagineses enviaron una flota para ayudar a Mesina; tenían una larga historia de intervención en la región. Pero ¿por qué acudieron los romanos? Hay distintas respuestas posibles. Roma quizá se sintiera asustada ante la posibilidad del dominio cartaginés de Sicilia. O se sintieron motivados por *fides* (buena fe) y creyeron que debían apoyar a sus aliados en tiempos peligrosos. De acuerdo a fuentes antiguas – incluso los mismos romanos contemporáneos– solo peleaban en defensa de su ciudad o de sus amigos. Pero ¿eso era todo? También estaba el hecho de que a los romanos simplemente les encantaba la guerra. Su sociedad apreciaba las ganancias económicas de la conquista, y la élite peleaba por la gloria militar. Los cónsules personalmente guiaban a los ejércitos y el Senado, el cual tomaba todas las decisiones y alentaba a Roma a participar en la guerra.

Pelear en el Mar

Después del choque inaugural sobre Mesina, ambos bandos estuvieron ausentes durante un tiempo. Cartago estaba concentrado en defender los pueblos costeros, y los romanos no podían acercárseles por tierra. Mientras tanto, la fuerza naval cartaginesa comenzó a atacar la costa italiana. Los romanos tenían algunos barcos, pero no una fuerza naval propiamente dicha, y ahora era el momento perfecto para comenzar a construir una. Y así lo hicieron. En un período de 60 días, los romanos construyeron 120 quinquerremes. Los romanos en sí no tenían mucha experiencia en el mar, pero los aliados del sur de Italia sí, por lo que se convirtieron en la tripulación de los nuevos barcos romanos. En el año 260 a.C. la flota romana obtuvo una gran victoria en Milas. Capturaron 50 barcos de Cartago y los demolieron; el bronce fue utilizado para decorar una columna del Foro Romano en honor a Cayo Duilio.

Roma repentinamente se había convertido en una importante fuerza naval, y entonces todo cambió. Los romanos reconocieron una oportunidad, y en el período 256-255 a.C. enviaron un ejército a África a atacar Cartago, pero sin éxito. Los mercenarios cartagineses, liderados por el espartano Jantipo, aplastaron al ejército romano, y el apoyo por mar quedó varado en una tormenta severa: 280 barcos con más de 100.000 hombres se perdieron. Más flotas fueron víctimas de las tormentas en los años venideros; los cartagineses vencieron. La guerra era larga y agotadora, ambos bandos sufrieron pérdidas sustanciales, y ninguno ganaba de momento. Las consecuencias fueron serias en Roma. Aproximadamente un 20 por ciento de los hombres italianos había fallecido en el campo de batalla o en las tormentas; sin embargo, Roma no estaba dispuesta a acordar la paz. En cambio, las instituciones legislativas aumentaron los impuestos y ordenaron a los aristócratas que dieran préstamos sin excepciones. Cada tres senadores tenían que proveer un barco de guerra; como resultado, se construyó una nueva flota. En el año 241 a.C., cerca de las Islas Egadas (que pertenecían a Sicilia occidental), esta flota obtuvo una victoria naval final. La guerra había terminado, y los cartagineses se vieron obligados a dejar Sicilia y pagar una indemnización de 3200 talentos de plata (aproximadamente cien toneladas de plata). Cartago quedó económicamente devastada, y sus mercenarios revueltos. Mientras tanto, los romanos tomaron Cerdeña y después exigieron 1200 talentos a Cartago, o en caso contrario comenzarían la guerra nuevamente.

El final de la primera guerra púnica reforzó el poder de Roma. La República romana probó ser resistente en momentos difíciles, capaz de lidiar con presión tanto militar como económica. Aún más, la red de aliados romanos funcionaba bien; la lealtad había sido confirmada, y los lazos fortalecidos. Con respecto a Sicilia, se convirtió en la primera provincia de Roma en pagar impuestos. Esta no era la única diferencia de condiciones entre Sicilia y las ciudades aliadas de Roma en Italia. Un pretor romano debía gobernar ese área, y a un cuestor se le daba la tarea de supervisar los impuestos. Una pequeña fuerza permaneció allí también, solo por si acaso. Además de eso, se preservaron las estructuras sociales y políticas. Los romanos desarrollaron un sistema altamente flexible en el que las estructuras de una provincia permanecían virtualmente intactas, mientras que Roma gobernaba a través de los grupos de élite locales. Esto se convirtió en la norma para toda la administración provincial bajo la República romana. Primero fue Sicilia, luego fue Cerdeña, y muchos otros lugares y ciudades entonces se convertirían en provincias romanas.

La Segunda Guerra Púnica: Aníbal y Escipión

Después de que Cartago perdiera Sicilia y Cerdeña, sus líderes se concentraron en expandir su territorio hacia España. Los cartagineses explotaron las minas de plata preciosa española para pagar el impuesto que exigía Roma. España estaba bajo el gobierno del general cartaginés Amilcar Barca (*Trueno*), que odiaba con pasión a los romanos y buscaba venganza, así como también restaurar la dignidad cartaginesa. Él crio a su hijo enseñándole a odiar a los romanos también; a la edad de nueve años, el joven

Aníbal juró que sería enemigo de Roma siempre. Aníbal fue el mayor enemigo al que la República romana se enfrentó jamás.[xxvi] De acuerdo a Livy, él fue uno de los mejores generales de los tiempos antiguos; un líder que inspiraba confianza en sus hombres, tanto mental como físicamente fuerte, que era valiente e invulnerable: "un guerrero sin parangón, siempre el primero en atacar, el último en dejar el campo".[xxvii] Livy claramente lo admiraba, pero también mencionó que el lado oscuro de Aníbal era tan impresionante como sus virtudes, y resaltó su "crueldad inhumana, […] perfidia, un desprecio total por la verdad, el honor y la religión".[xxviii]

Aníbal lideró el ejército cartaginés en la segunda guerra púnica. No fue solo una campaña de odio liderada por su deseo de venganza. Roma estaba alarmada por la expansión de Cartago en España. El tratado del año 226 a.C. estableció el río Ebro como la frontera entre las esferas de interés, pero Roma formó un acuerdo de amistad con el pueblo de Sagunto, el cual pertenecía a la esfera cartaginesa. La guerra había sido provocada por el ataque de Aníbal a Sagunto en el año 219 a.C. Roma exigió la rendición de Aníbal, pero la petición fue declinada, por lo que empezó la segunda guerra púnica en el año 218 a.C.

Roma y Cartago tenían distintas ideas sobre dónde iba a comenzar la batalla. Los romanos estaban preparándose para atacar la tierra cartaginesa tanto en España como en África del Norte, pero Aníbal ya había comenzado a marchar hacia Los Alpes. Su idea era invadir Italia, la fuente de hombres y recursos de Roma. Su plan era arriesgado: necesitaba cruzar las montañas Alpinas, durante este tiempo, y más de la mitad de sus hombres y un considerable número de elefantes murieron. Pero Aníbal estaba decidido. Consiguió entrar a Italia con sus mejores guerreros, y entonces los galos de Cisalpina (el pueblo acababa de ser incorporado al sistema romano y no estaba completamente feliz al respecto) se le unieron.

Los Triunfos de Aníbal; la Batalla de Cannas

Aníbal infligió grandes pérdidas a los romanos en Italia. Primero, en noviembre del año 218 a.C., su caballería numidia ganó una batalla en el Río Tesino porque el ejército romano, liderado por el cónsul Sempronio Longo llegó tarde y no tuvo oportunidad de luchar. Una vez que los romanos finalmente llegaron, en diciembre, atacaron a los cartagineses en el río Trebia y fueron devastados. Veinte mil romanos murieron, Aníbal proclamó la victoria y la 'liberación' de los aliados de Roma, y liberó a todos sus prisioneros italianos (aquellos de las ciudades "aliadas" de Roma) sin rescate. A los romanos no les interesaba su propaganda y lo atacaron nuevamente en la primavera. Cayo Flaminio, uno de los cónsules electos de ese año (217 a.C.), lideró el ejército, el cual persiguió a los cartagineses a través de Etruria, y luego cayó en una trampa en el lago Trasimeno; la caballería de Aníbal llegó por la retaguardia y bloqueó a los romanos. Quince mil hombres, incluso Flaminio, fueron asesinados en el conflicto o se ahogaron. Esta situación requería medidas especiales. Roma nombró un dictador, Quinto Fabio Máximo; su apodo Cunctator significa 'el que retrasa'. Su estrategia incluía evitar la batalla campal y encontrar una manera de agotar a Aníbal. Esta estrategia era profundamente distinta al estilo de pelea romano, y Fabio no recibió apoyo de sus líneas, por lo que le fue imposible impedir que Aníbal ingresara al sur de Italia. En el año 216 a.C., los cónsules recién electos, Lucio Emilio Paulo y Cayo Terencio Varrón, lideraron las fuerzas romanas para encontrarse con Aníbal en Cannas. Esta batalla fue la mayor derrota de la República durante más de un siglo.[xxix] Aunque el número de romanos doblaba al de cartagineses, Aníbal logró rodearlos, atraparlos y masacrarlos. Aníbal luego continuó avanzando y llegó a estar a solo 10 km de Roma.

La Batalla de Cannas fue el mayor éxito de Aníbal, el cual le aseguró su reputación como genio militar. Ahora su propaganda comenzó a surtir efecto, y se ganó a muchos de los aliados de Roma, mayormente colonias griegas en el sur de Italia y Siracusa y Sicilia. Sin embargo, todavía no tenía suficiente poder para atacar la Roma. Además, no logró ganarse a todos los aliados romanos; la mayoría de las ciudades y personas italianas se mantuvieron leales a Roma.

Los Cambios en las Tácticas Romanas

Mientras tanto, en Roma, se hizo evidente que el sistema republicano de magistrados elegidos anualmente no funcionaba en tiempos de guerra. Fabio Máximo Cunctator fue restaurado en el poder junto con el agresivo Marco Claudio Marcelo. Se los llegó a conocer como 'el escudo y la espada de Roma'. Roma se estaba recuperando; hasta ese momento, los cartagineses habían matado más de 70.000 romanos en un período de tan solo tres años. Pero para el año 212 a.C., un nuevo ejército de 200.000 soldados romanos en Italia, Sicilia, y España estaba listo para enfrentarse a Aníbal. Aproximadamente 50.000 hombres fueron posicionados solo para acechar al ejército de Aníbal, el cual era superado en número ampliamente. Los romanos tenían la misión de restringir el progreso de los cartagineses y reprimir a quienes se unieran a su bando. Los romanos estaban decididos a ganar esta guerra.

Los movimientos de Aníbal en Italia estaban restringidos, y el ejército de Roma fue reconocido por algunas grandes victorias. Marcelo recuperó el control romano sobre Siracusa en el año 211 a.C., y, poco después, sobre toda Sicilia, pero murió en el año 208 en Italia a causa de otro de los ataques sorpresa de Aníbal. Esto se concibió como una victoria para los cartagineses, por lo que hicieron un gran esfuerzo por fortalecer el ejército de Aníbal. Una fuerza de socorro liderada por el hermano de Aníbal, Asdrúbal, estuvo cerca, pero fue derrotada en el río Metauro en el año 207 a.C. Asdrúbal fue asesinado y arrojaron su cabeza al campamento de Aníbal. Mientras tanto, se estaban produciendo eventos decisivos en otro frente: España.

La Nueva Sangre de Roma: Escipión el Africano

Mientras que Aníbal estaba ocupado en Italia, dos generales romanos, los hermanos Publio y Cneo Cornelio Escipión, lideraron un ejército que abrió una serie de ataques sobre las posesiones cartaginesas en España. Cuando en el año 211 a.C. los cartagineses los mataron en la batalla, el hijo de Publio, también llamado Publio Cornelio Escipión, se hizo cargo como cabeza del ejército. Nunca había pasado en la historia de Roma nada parecido; el joven Escipión solo tenía 24 años de edad. No solo nunca había tenido un oficio público, sino que todavía no era apto para postularse para una posición de autoridad. Por otro lado, era valiente, un excelente soldado e inusualmente popular dentro de la sociedad romana.

Escipión instantáneamente reestructuró las fuerzas en España. Introdujo nuevas armas como la espada corta española, llamada gladio, y el pilo. Más aún, reorganizó la legión romana e hizo su formación más flexible. Este nuevo ejército era altamente eficiente en el agreste terreno de España y, poco tiempo después, probaría ser igualmente exitoso en contra de la inflexible falange griega. Escipión y sus hombres cruzaron más de 400 kilómetros en solo cinco días y atacaron a los cartagineses desprevenidos en Nueva Cartago (lo que hoy es Cartagena). Escipión se dio cuenta de que las fortificaciones del pueblo eran débiles en la parte costera, entonces cruzó el agua con la marea baja y conquistó Nueva Cartago en el año 209 a.C. Roma, por lo tanto, tomó el control sobre las abundantes minas de plata cercanas a la ciudad. Hacia el año 205 a.C., las fuerzas cartaginesas habían sido expulsadas de Roma.

Escipión volvió a casa en el año 205 a.C., y se le recibió como al verdadero héroe de Roma. Gracias a la inmensa popularidad y apoyo público, a pesar de las objeciones de otros senadores liderados por Fabio Máximo, se convirtió en cónsul y fue elegido para liderar la anteriormente planificada invasión romana a África del Norte. Aníbal tuvo que regresar a su ciudad después de 30 años para defenderla de los romanos. Los romanos, por otro lado, se las arreglaron para ganarse el apoyo de los numídicos, a pesar de su histórica alianza con Cartago. El ejército de Escipión obtuvo la victoria en la batalla final de Zama en el año 202 a.C. Los romanos no destruyeron la ciudad de Cartago, pero fue severamente dañada, y su poder se vio disminuido. Esta fue la mayor victoria romana hasta el momento. En conmemoración de este sobresaliente triunfo, Publio Cornelio Escipión tomó el nombre de 'el Africano'.

Las Consecuencias de la Segunda Guerra Púnica

La segunda guerra púnica confirmó una vez más la fortaleza de la República romana y la extraordinaria lealtad de sus aliados italianos. Aníbal fue ciertamente un genio militar incomparable, pero incluso él no podía competir con la fortaleza de los romanos; Roma podía absorber las pérdidas y continuar pelando hasta obtener la victoria. Pero eso no significaba que no hubiera consecuencias que los romanos tuvieran que afrontar. Un gran número de personas perdió la vida, muchas familias sufrieron, así como también sufrió la industria romana dominante –la producción agraria. Al mismo tiempo, la creciente riqueza que causó la expansión romana produjo una falta de estabilidad dentro de la República en el siguiente siglo.

Escipión el Africano representó un gran cambio en la clase dirigente romana. Su autoridad y gloria militar opacaron al Senado. Se convirtió en cónsul a la edad de 30 años; nunca se había ajustado a los criterios formales, dado que nunca tuvo una posición gubernamental menor. Más aún, se le otorgó el mando sobrepasando a aristócratas de la generación anterior, como Fabio Máximo. El extraordinario logro de Escipión hacía que fuera muy difícil competir en su contra. Y quedaban muchos que lo intentarían, incluso Julio César y el emperador Augusto.

El Fin de Cartago

Roma entró en conflicto con Cartago una última vez en el siglo II a.C. A este conflicto a veces se lo llama tercera guerra púnica, pero solo fue un triste epílogo de sus décadas de rivalidad. Cartago se estuvo recuperando parcialmente hasta el año 195 a.C., cuando los romanos solicitaron la extradición de Aníbal. Para evitar la extradición, Aníbal exilió. Eso no fue lo peor que les ocurrió a los cartagineses. Todas las actividades militares les fueron prohibidas como término de rendición de Cartago a Roma. Numidia abusaba de estos términos y continuamente tomaba territorio cartaginés. Cartago pidió ayuda a Roma varias veces, pero la petición fue rechazada todas ellas. Después de que la totalidad de la indemnización fuera pagada a Roma, en el año 151 a.C., Cartago peleó contra Numidia. Poco tiempo después, una embajada romana liderada por Marco Porcio Catón el Mayor llegó para investigar el asunto. A su regreso a Roma, Cato declaró que Cartago entrañaba un peligro potencial para Roma y debía ser destruida. Sus famosas palabras *Cartago debe ser destruida (Carthago delenda est)* se convirtieron en la conclusión de cada uno de sus discursos en el Senado. Como resultado, Roma envió sus fuerzas nuevamente a Cartago en el año 149 a.C. Los cartagineses aceptaron cada petición, liberaron 300 rehenes y entregaron todas sus armas, pero eso todavía no era suficiente para los romanos; ellos exigían que los cartagineses abandonaran sus hogares. Se suponía que ellos debían construir una nueva ciudad a al menos 15 kilómetros del mar. Esto fue demasiado para los desafortunados cartagineses, entonces comenzaron a pelear por desesperación y aguantaron, con un enorme esfuerzo, durante tres años. Los romanos, molestos, eligieron otro cónsul menor de edad – el nieto adoptado de Escipión el Africano, Publio Cornelio Escipión Emiliano– quien finalmente quebró y destruyó Cartago, y esclavizó a todos los sobrevivientes. Los romanos fueron aún más allá, maldijeron el terreno que había sido Cartago y lo sembraron con sal. Finalmente, África del Norte en su totalidad se convirtió en una provincia de la República romana.

Capítulo 6 – El Dominio Militar versus el Dominio Cultural: La Civilización Romana ante el Mundo Griego

Después del espectacular triunfo sobre Cartago, la República romana se convirtió en una potencia líder al occidente del Mediterráneo. Gobernaba sobre toda Italia, Sicilia, Sardina, España, y África del Norte, pero su influencia no estaba limitada por las fronteras de sus provincias. La República romana era opresora de las áreas vecinas por medio de su supremacía política, económica y militar. Algunas tribus menores todavía se resistían a la influencia de Roma, pero, después de la caída de Cartago, ningún enemigo significaba una amenaza directa para la República.

En el Mediterráneo antiguo, los centros de poder solían estar al este. Las ciudades estado griegas no eran ni de cerca tan poderosas como lo habían sido en sus mejores épocas, pero la sofisticación de cualquier civilización todavía se medía mediante la comparación con los estándares griegos. El lenguaje, cultura, arte, filosofía y literatura griegos confirmaban su dominio cultural.

Después de la conquista de Alejandro el Grande, la región oriental del Mediterráneo se había dividido entre un número de ciudades, reinos y ligas que cambiaban constantemente. Naturalmente, durante el siglo II a.C., la totalidad del mundo helénico tuvo que admitir la dominación de los romanos. La relación de Roma con Grecia era dual. Los romanos admiraban la cultura griega, la cual influenciaba y refinaba el mundo romano profundamente. La fascinación por todas las cosas griegas existió durante siglos: los etruscos los respetaban y en gran parte los copiaban, y el Rey Tarquino el Mayor una vez envió a sus hijos al Oráculo de Delfos para obtener consejo. En los siglos subsiguientes, se llevaron a Roma numerosas estatuas griegas, incluso al Panteón Romano se le realizaron alteraciones para que se correspondiera con los dioses griegos. La literatura griega fue traducida al latín, etcétera. La libertad griega, por otro lado, no era tan respetada y los ejércitos romanos destruían a aquellos que quisieran preservarla.

Grecia Después de Alejandro Magno

Alejandro Magno murió en el año 323 a.C. Antes de su muerte, expresó su última voluntad: quería que sus vastas conquistas fueran gobernadas por 'el más fuerte'. Esa no fue una de sus mejores decisiones. El imperio que construyó a lo largo de varias décadas fue inmediatamente destruido, gracias a las fuerzas internas. Los generales de Alejandro, todos ellos albergando el deseo de ser 'el más fuerte', pelearon para obtener el control. El imperio se había fragmentado. Tres reinos surgieron en su lugar: la dinastía antigónida gobernaba Macedonia, Siria estaba bajo la dinastía seléucida y Egipto bajo la ptolemaica. Grecia era gobernada por uniones de ciudades aliadas. La Liga Etolia controlaba el área al norte del Golfo de Corinto. El Peloponeso estaba bajo el control de la Liga Aquea. Las ciudades estado griegas más grandes, tales como Atenas y Esparta, así como algunas otras, permanecieron independientes, pero su importancia política se vio significativamente reducida a lo largo de los siglos. Hubo algunos otros estados dentro del territorio de lo que una vez fue el imperio de

Alejandro, incluso la Isla de Rodas y Pérgamo en Asia Menor. Estas ciudades tuvieron una larga historia de guerras y alianzas, muchas de las cuales Roma desconocía.

Los Romanos Llegan al Territorio Griego

En lo militar y lo político, ningún estado griego individual podía compararse con la República romana. Pero en este periodo ya no se trataba simplemente del poder bruto. El este griego tenía una cultura altamente sofisticada, y los romanos respetaban eso. Los griegos eran reconocidos como los árbitros de la civilización. Esto complicó las cosas para los romanos; ellos no querían invadir el mundo helénico y ser vistos como bárbaros, ellos querían ser parte del mundo civilizado. Esas aspiraciones influyeron en el comportamiento y las tácticas romanas. Como resultado, el proceso de conquistar el Mediterráneo oriental fue largo y, por momentos, muy doloroso.

Los ejércitos de ambos mundos ya se habían encontrado anteriormente. El gobernador griego Pirro de Epiro invadió Italia a comienzos del siglo III a.C. Roma logró resistir. Ahora, después de una historia de derrotar fuerzas amenazantes del este –primero Pirro, después el ejército de Aníbal–, los romanos dirigieron su atención hacia esa región del mundo. Los primeros conflictos comenzaron entre las dos guerras púnicas cuando Roma invadió la región costera de Iliria. Filipo V, gobernante del reino cercano de Macedonia, consideraba a los romanos como una amenaza (los piratas ilirios eran, después de todo, sus mercenarios) y, después de la batalla de Cannas, firmó un tratado de cooperación con Aníbal. La así llamada primera guerra macedonia terminó pronto –Filipo se dio cuenta de que Roma iba a ganar la segunda guerra púnica y firmó la paz en el año 205 a.C.–, pero dos años después de derrotar a Cartago, las autoridades romanas declararon la guerra a Macedonia. Así comenzó la segunda guerra macedonia.

Roma, Macedonia y la libertad de Grecia

Hubo muchas razones para que Roma entrara en guerra en contra de Macedonia. Filipo V, con el apoyo del Imperio seléucida en Siria, quería atacar Egipto y quitar el poder y las riquezas al rey menor de edad Ptolomeo V. En el camino, las fuerzas de Filipo hostigaron a todos en el Egeo. Los griegos se molestaron por sus acciones; Pérgamo y Rodas se aliaron en contra de Filipo quien, a su vez, aporreó a sus fuerzas conjuntas. En el año 201 a.C. aquellos griegos acudieron a Roma a por ayuda, pero, curiosamente, el pueblo de Roma no quería pelear. La petición del cónsul de una declaración de guerra en contra de Macedonia fue rechazada en el año 200 a.C. por la Comitia Centuriata. Incluso la élite romana, que siempre estaba ansiosa por pelear y obtener gloria militar, se mostró reacia. Pero, una vez que el mundo había esparcido la noticia de que Filipo había establecido una alianza con los seléucidas, la guerra era inevitable. Los romanos querían vencer a Antíoco el Grande del Imperio seléucida junto con Filipo, pero lograron que pareciera que su único objetivo era proteger las ciudades griegas.

Los griegos dieron una cálida bienvenida a las legiones romanas. Las Ligas Etolia y Aquea se unieron y apoyaron a Roma. Sin embargo, al principio parecía que Filipo estaba ganando, pero el ejército conjunto grecorromano, liderado por Tito Quincio Flaminio, logró derrotar a los macedonios al final. Al igual que Escipión el Africano, Flaminio solo tenía 30 años de edad. Él era un filoheleno, un admirador de la cultura griega, que hablaba griego con fluidez, y un hombre capaz de ganar el apoyo de Grecia y de promover una imagen apropiada de Roma como un estado civilizado.

En los Juegos Ístmicos de Corinto del año 196 a.C., Flaminio dio un discurso en Grecia y proclamó la 'Libertad de Grecia.' Los griegos estaban tan contentos que, según fuentes romanas posteriores, su intenso grito de felicidad mató a los cuervos que estaban volando.[xxx] Los griegos estaban tan agradecidos que llegaron a honrar a Flaminio como a un dios.

En este punto, los romanos respetaban la libertad griega. Roma había retirado todas sus tropas hacia el año 194 a.C. Las ciudades griegas no se convirtieron en nuevas provincias romanas. Esto era muy inusual, pero hubo dos razones para dejar a Grecia en paz. Primero: Roma no tenía los recursos –ni el ejército permanente o la burocracia– que haría posible administrar Grecia; también estaba la admiración por la cultura griega. Roma inicialmente contaba más con la diplomacia que con el reinado directo; después de todo, la opinión griega tenía peso y Roma tenía que verse 'civilizada'. Pero en el año 106 a.C. Roma declaró que Grecia estaba bajo su protección y, por lo tanto, desafió indirectamente a Antíoco III de Siria de Seleucia, también conocido como Antíoco el Grande. El más prominente de los monarcas helenísticos, Antíoco, fue un gobernante poderoso con una actitud imperialista; asustaba continuamente a Pérgamo y Rodas, que ahora eran aliados de Roma. En el año 195 a.C., Aníbal, que había sido desterrado de Cartago, se unió a Antíoco, y esto aumentó la preocupación de los romanos. Mientras tanto, la Liga Etolia abandonó la alianza con Roma y se unió a Antíoco, quien entró en Grecia en el año 191 a.C.

Roma reaccionó instantáneamente y derrotó a Antíoco en las Termópilas, el famoso lugar donde los espartanos se enfrentaron a los persas tres siglos antes. El ejército seléucida tuvo que replegarse hasta Siria. El nuevo cónsul, Lucio Cornelio Escipión, seguido por su hermano Escipión el Africano (Lucio ganó la elección gracias al Africano, quien prometió servir a su lado), expulsó al enemigo. Roma una vez más retiró sus tropas de Grecia, pero su poder en los territorios orientales había sido confirmado. A Antíoco se le ordenó entregar a Aníbal, quien desapareció y fue encontrado por Flaminio en el año 183 a.C. El antiguo enemigo de Roma tomó veneno para no tener que rendirse ante Roma.

Cultura Grecorromana y Tensión

Graecia capta ferum victorem cepit et artes intulit agresti Latio. – Horacio[xxxi]

Durante las siguientes décadas, Roma continuó con la misma política con respecto a las ciudades griegas –no había tropas, ni tributos, ni provincias. El impacto de Grecia en la vida romana, por otro lado, aumentó de forma decisiva. El arte y la literatura griega inundaron Italia. Las casas nobles romanas emplearon maestros griegos. Se estaba desarrollando una nueva cultura híbrida, y los filohelenos liderados por Flaminio y Escipión el Africano la alentaban. Pero había otra corriente dentro de Roma, según la cual el filohelenismo significaba una amenaza para los valores romanos tradicionales. Marco Porcio Catón el Mayor y sus seguidores creían que los griegos no solo eran inferiores a los romanos, sino también una fuente de corrupción.

La República adoptó una política más rígida cerca del año 170 a.C. Desde ese tiempo en adelante, Roma todavía apreciaba la cultura griega pero esperaba que los griegos reconocieran su autoridad. Se esperaba que las ciudades griegas actuaran como los aliados italianos de Roma –eran 'libres' para gobernarse a sí mismos, siempre y cuando se mantuvieran tranquilos y actuaran solo cuando se les instruyera. Los griegos tenían otra idea; ellos tenían una larga historia de rivalidades y conflictos locales, y esto no terminó con la llegada de Roma. El Senado de la República romana ahora recibía numerosos reclamos y tenía que actuar como árbitro en las disputas griegas. Esto era aburrido y agotador para los oficiales romanos, que empezaron a apoyar causas de manera aleatoria. Los casos que se relacionaban con Roma se solucionaban de la manera que más se ajustara a los intereses romanos. Tal fue el caso de Macedonia; Perseo de Macedonia fue arrastrado a la tercera guerra macedonia y se negó a pelear contra los romanos hasta que su reino quedó destruido, aun cuando él estaba dispuesto a rendirse bajo cualquier condición.

Roma no estaba interesada en conquistar territorios o crear provincias en el este, pero la República requería el reconocimiento de su poder. Después de destruir Macedonia, otros también sintieron esta fuerza. Los romanos ejecutaron a 500 líderes de Etolia y tomó a

1000 aqueos, incluido el futuro historiador Polibio, como prisioneros. Hasta 150.000 personas de Epiro fueron esclavizadas, y el poder de Pérgamo y Rodas se vio reducido significativamente. A Antíoco IV de Siria se le pidió abandonar sus planes de invadir el Egipto ptolemaico, y no tuvo más opción que someterse a la voluntad de Roma.

Hacia el año 167 a.C. nadie podía desafiar el poder de Roma. Polibio aconsejó a sus compañeros griegos que se ajustaran al dominio romano y evitaran experimentar 'el destino que les esperaba a aquellos que se opusieran a Roma'.[xxxii]Tenía razón; todas las revueltas posteriores fueron brutalmente derrotadas; Macedonia finalmente se convirtió en una provincia romana, Corinto fue destruido en el año 146 a.C., y ese mismo año Cartago enfrentó el mismo destino. Los días de 'libertad' concedidos a los griegos de Corinto medio siglo antes habían llegado a su fin. Grecia, Siria y Egipto todavía no eran provincias romanas (aunque llegarían a serlo bajo el mando de Augusto), pero la República romana definitivamente gobernaba sobre las ciudades-estado griegas y el legado de Alejandro Mago.

Capítulo 7 – Poder Ilimitado y el Comienzo del Fin: El Período Final de la República

Hacia la década de 130 a.C., Roma había conquistado todo el Mediterráneo. Esto era un logro impresionante. No hay estado, antiguo o moderno, en el mundo entero que haya conseguido una hazaña parecida. Otras sociedades antiguas controlaban territorios significativamente menores. Los egipcios en la cima de su poder no tenían mucha influencia más allá de las zonas de Levante y Asia Menor. Los griegos tenían muchas colonias alrededor del Mediterráneo, pero carecían de un control centralizado y un sistema político bien estructurado para mantener todo de forma cohesiva. Los romanos no solo los derrotaron en lo político y militar, sino que fueron ellos y no los griegos los que difundieron el arte, la literatura y la filosofía griega por todo el mundo.

Al finales de siglo, Roma era el estado más poderoso del mundo antiguo entero y más allá. Pero dentro de otro siglo, la República romana habría desaparecido. Aquellos fueron los años de la ambición, corrupción y guerra civil que amenazaron con destruir todo lo que se había logrado a lo largo de los siglos anteriores. Los ricos se volvieron más ricos, los pobres se volvieron más pobres aún, y las instituciones tradicionales no podían lidiar con los nuevos desafíos.

El origen de la crisis

El sistema de la República romana inicialmente fue establecido para los servicios públicos, como los consulados. La idea era que las personas fueran elegidas para funciones públicas cada año, para evitar que ningún individuo se volviera preeminente. Pero, al final, las cosas no funcionaron así; los individuos no podían tener el poder durante un largo tiempo, pero sus familias sí. La élite que, como hemos visto, incluía a las familias patricias y las familias plebeyas más exitosas (*nobiles*), controlaban todo el sistema político.

El sistema de votación tenía serios errores. Las personas que vivían lejos de la ciudad de Roma no podían ir a votar y, en cuanto a los que vivían dentro de los muros de la ciudad, sus votos solían ser comprados de forma automática. La compra de votos era simple: los individuos más poderosos llamados patrones estaban rodeados de sus *clientes* -los ex esclavos que habían liberado, asociados de negocios y otras personas que necesitaban la protección de un patrón. Entonces, los patrones ayudaban y apoyaban a sus clientes, quienes, a su vez, les votaban a ellos sin excepción. Los votos también se compraban por dinero y a través de la organización de entretenimientos públicos gratuitos. Como resultado, ningún plebeyo podía jamás entrar al Senado.

La multitud enojada

Antiguos trabajadores agrarios y pequeños agricultores se habían convertido en soldados en tiempos de guerra; el problema de la fuerza de trabajo en los campos se solucionó en aquel entonces trayendo esclavos. Ahora que la guerra había terminado, estos hombres no tenían trabajo. Con el establecimiento de grandes haciendas y propiedades de la élite y el trabajo esclavo, los pequeños agricultores tuvieron muchas dificultades para mantener una tierra propia. Fueron muchos los que se quedaron sin nada y su desesperación los llevó a Roma. La turba urbana creciente era a veces hostil y presentaba un gran riesgo de disturbios. La élite que los convirtió en pobres tenía que encontrar la manera de controlarlos.

Había una crisis similar con los aliados italianos. Su gente había muerto en los campos de batalla apoyando a Roma, y su lealtad era esencial para el éxito de Roma, pero no recibieron casi nada en compensación y su influencia política estaba severamente limitada.

Ya nadie quería ir a la guerra. Tanto los romanos como los aliados hicieron sus mejores esfuerzos para evitar el servicio militar, y este fue un gran problema, como veremos ahora.

Una nueva clase: los ecuestres

La misma estructura de la sociedad romana estaba cambiando. Algunas nuevas familias ricas buscaban su parte del poder. Los ecuestres o équites fueron inicialmente los caballeros, ciudadanos romanos con suficientes riquezas como para servir en la caballería. Mientras tanto, se convirtieron en un bloque separado dentro de la sociedad y en una élite de segundo grado. Incluso cuando ellos no tenían el estatus de la antigua aristocracia, tenían una fortuna sustancial. Desde el año 129 a.C. el *ordo equester* fue formalmente separado del orden senatorial, lo cual dificultó (aunque era todavía posible) que los ecuestres llegaran a ser senadores. Sin embargo, esta clase social estaba involucrada en lucrativos proyectos de construcción y en la recolección de impuestos.

Los Graco

Los Graco –Tiberio y Cayo Graco– procedían de la aristocracia más alta. Su padre fue un distinguido comandante de guerra y dos veces cónsul electo. Su madre, Cornelia, era hija del mayor héroe romano, Escipión el Africano. Pero estos nobles hermanos estaban decididos a reformar el mismo sistema social y político que había hecho que su familia fuera tan poderosa.

Tiberio y Cayo Graco hicieron todo esfuerzo posible para aprobar leyes que mejoraran el estatus de los ciudadanos romanos en Italia e hicieran más justa la distribución de las tierras. Sin embargo, sus esfuerzos iban en contra de los intereses del Senado y la aristocracia, quienes utilizaron todos los métodos disponibles para debilitarlos.

Eventualmente, los hermanos Graco fueron asesinados, y las reformas fallaron. Todo lo que lograron hacer fue ganarse un nombre en la historia como populares mártires romanos.

Se esperaba que Tiberio Sempronio Graco, el mayor de los hermanos, alcanzara el éxito militar y se convirtiera en cónsul, pero él tenía otros planes. Se convirtió en tribuno, decidido a pelear por la justicia social. En el año 133 a.C., recomendó que la tierra abandonada en los alrededores de Italia debía ser otorgada a pequeños granjeros desempleados. Esta medida solucionaría tres problemas serios: se reduciría la tensión social, se dispersaría la muchedumbre urbana, y la gente estaría nuevamente dispuesta a ingresar al ejército. Pero la tierra de la que él estaba hablando –tierra pública tomada durante las conquistas– era explotada en gran parte por los aristócratas, quienes utilizaban esclavos para trabajar los campos. Había una limitación de la cantidad de tierra pública que podía ser utilizada por cada romano, y Tiberio quería confiscar toda la tierra que excediera ese límite y compartirla entre las personas desempleadas. Estas propiedades serían pequeñas, pero inalienables, y los terratenientes ricos no podrían comprarlas.

La élite senatorial estaba totalmente en contra de este plan. Habían heredado la tierra pública (paradójico, pero real) a lo largo de generaciones y no estaban dispuestos a compartirlas con los menos favorecidos. Usaron todo el poder político para detener a Tiberio, pero él trajo la ley llamada *Lex Sempronia agrarian*. Sin embargo, esta ley no podía ser impuesta. Tiberio estaba solo con muchos en su contra y se encontró siendo persistentemente obstaculizado.

Mientras tanto, el Rey Átalo III de Pérgamo murió. No tenía herederos, y su reino ahora pertenecía a Roma. Tiberio aprovechó esta oportunidad para subsidiar su redistribución de la propiedad. En un decreto del año 133 a.C., anunció que el pueblo –no el gobierno– gobernaría la provincia de Asia. Las instituciones de la República romana habían sido desafiadas, por lo que Tiberio fue acusado de querer erigirse como rey, fue asesinado y arrojado al Río Tíber.

En el año 123 a.C., el hermano menor de Tiberio, Cayo, ganó la elección como tribuno. Él sabía bien qué esperar de la élite senatorial, pero él también apoyaba las reformas que su hermano había comenzado. Él exigió del mismo modo la redistribución de la tierra para ayudar a los pequeños agricultores. Por otro lado, sus ideas eran mucho más amplias, más desarrolladas, y trajeron prosperidad a todos los niveles de la sociedad republicana. Al final, fue juzgado por el Senado, y el primer decreto último del Senado (*senatus consultum ultimum*) decidió que la muerte de Cayo era lo mejor para los intereses de Roma. Sus seguidores fueron asesinados, y él se suicidó. Se prometió que quien trajera la cabeza de Cayo recibiría su peso en oro. El hombre que presentó la cabeza primero, le sacó el cerebro y lo llenó de plomo fundido antes de pedir la recompensa. Así fue como comenzó el siglo del caos, tensión interna, y crisis militar.

Mario, el primer caudillo

En el año 112 a.C., Jugurta, el rey de Numidia, una provincia africana de Roma, ordenó el asesinato de mercaderes romanos e italianos en la provincia. Este insulto causó el comienzo de la Guerra de Jugurta. Jugurta no podía competir con la fuerza militar romana, pero la corrupción e incompetencia de los generales de Roma le sirvió como ventaja. De acuerdo a Jugurta, Roma era "una ciudad en venta, y sus días están contados si encuentra un comprador". La guerra se alargó hasta que, en el año 107 a.C., Cayo Mario fue elegido cónsul y tomó el mando. Mario era conocido como un *novus homo*. Él alcanzó el consulado gracias a sus habilidades, no a su familia. Gozaba de una reputación como soldado experimentado, y derrotó a Jugurta rápidamente. Entonces llegó una nueva amenaza; tribus enteras de germanos marchaban hacia territorio romano. Mario los combatió con éxito, pero con un gran número de bajas. Mientras tanto, reformó el ejército al permitir que todos los voluntarios pelearan. Roma, por primera vez en la historia, tenía un ejército estable. Estos nuevos soldados no tenían propiedades ni obligaciones en casa y podían servir durante períodos largos bajo una rigurosa disciplina. No podían permitirse un equipo militar por sí mismos, dado que eran pobres, por lo que todos tenían las mismas armas provistas por el estado. Aclamado como el salvador de Roma, Mario fue elegido cónsul cinco años seguidos. Su dominio del consulado no tenía precedente. Se convirtió en el primero en la línea de grandes caudillos que dominaron las últimas décadas de la República.

Las reformas de Mario establecieron un ejército de infantería profesional que chocaba con los viejos ideales de la milicia de ciudadanos romanos. Los soldados no tenían tierras, pero se les prometía un terreno al final de su servicio. Eran leales a su general, no al Senado. Estos cambios propiciaron la aparición de los ejércitos privados al servicio de hombres con suficiente influencia como para tenerlos. El primero en sacar ventaja de las nuevas posibilidades fue Lucio Cornelio Sila, el antiguo rival de Mario.

La guerra contra los aliados: La Guerra Social

El estado de los aliados italianos de Roma no había mejorado con los años, y todavía no tenían derechos políticos. Por otro lado, dos tercios de los soldados de Mario eran italianos, no ciudadanos romanos. Exigieron la ciudadanía italiano-romana y, en el año 91 a.C., cuando su defensor, el tribuno Marco Livio Druso, fue asesinado, iniciaron la Guerra Social (el término latino para 'aliados' era 'socii'). Su objetivo no era demoler Roma, sino demandar que se otorgaran concesiones y, en el año 88 a.C., Roma finalmente accedió a las demandas y la guerra terminó.

La marcha de Sila en Roma

El general romano líder en esta guerra era Sila y, al finalizar la guerra, fue elegido cónsul. Entonces surgió un nuevo enemigo –el rey Mitrídates de Ponto del Mar Negro. Sila lideró un ejército para repeler la ofensiva de Mitrídates en la provincia romana de Asia, pero justo cuando el ejército estaba a punto de irse, Sulpicio Rufo, un tribuno radical, logró aprobar una ley que cambiaba el mando de Sila a Mario. Sila acudió a sus hombres para que pelearan para defender su dignidad, y así lo hicieron. Esos hombres eran leales a él personalmente, no al senado, y dependían de él para las propiedades que se les habían prometido. El senado no tenía autoridad sobre el caudillo con su ejército privado. El destino de la República estaba ahora en manos de individuos cuyo ethos competitivo y determinación de supremacía no tenían límites. El colapso de la República había comenzado.

Capítulo 8 – La Era de los Generales: Pompeyo, Craso y César

La República se hundió aún más después de la muerte de Sila. La evolución de la historia romana en las décadas siguientes fue definida por tres generales –Cneo Pompeyo, Marco Licinio Craso y Cayo Julio César. Cada uno de ellos lideraba un ejército. Competían por el poder, dependiendo de las circunstancias; a veces trabajaban juntos, a veces uno contra el otro. Los tres fueron brutalmente asesinados.

Cneo Pompeyo

Pompeyo había nacido ecuestre, hijo de un general. Había peleado valientemente junto a su padre en muchas batallas, incluso la de Sila contra Mario. Su valentía, aspecto y modales le habían granjeado una gran popularidad. En África, donde combatió a los seguidores de Mario, ganó el título de Magnus (el Grande). En España, derrotó a Sertorio. Quizás la guerra más famosa en la que participó fue la de los esclavos. Desde el año 73 al 71 a.C., un enorme número de esclavos de Italia se sublevó bajo el liderazgo del gladiador Espartaco. Estaban bien armados, bien preparados, y no eran fáciles de controlar. El general que los derrotó fue Marco Licinio Craso, pero Pompeyo regresó de España al final de la guerra y se adjudicó toda la gloria. En el año 67 a.C., Pompeyo derrotó a los piratas sicilianos en el Mediterráneo oriental.

Pompeyo y Craso se odiaban entre sí, pero se dieron cuenta de que serían inmensamente poderosos si trabajaban juntos. En el año 70 a.C., se convirtieron en cónsules conjuntos. Devolvieron a los tribunos toda la autoridad que tenían antes del reinado de Sila. Ahora sabían que podían contar con los tribunos en caso de que el Senado intentara hacerles entregar sus ejércitos.

En el año 66 a.C., Pompeyo derrotó a Mitrídates VI, rey de Ponto, mientras todavía estaba en escena. Subyugó a Armenia, Siria y Judea en el año 62 a.C. Entonces hizo algo extraordinario: estableció colonias, dio tierras a los piratas para que tuvieran algo útil para hacer, y nombró a un rey en Judea que se convirtió en su leal cliente. Luego volvió a casa y despidió a su ejército, solicitando al Senado que aprobara su vuelta y establecimiento en casa y la tierra para sus veteranos. Pero la única forma de lograr esto era unirse a Craso y Julio César en el Primer Triunvirato.

Marco Licinio Craso

Craso también era hijo de un general que peleó contra Mario. Se unió a Sila en Italia en el año 83 a.C. y se le dio la recompensa de incrementar su riqueza aprovechando las proscripciones que Sila impuso sobre sus enemigos. Sin embargo, Craso a menudo añadía gente inocente a la lista para poder confiscar sus terrenos. Por ello, perdió la confianza de Sila, pero todavía era popular entre el pueblo. Craso sirvió como pretor, después como general, y después derrotó a Espartaco. Odiaba a Pompeyo por atribuirse ese mérito, pero cooperaba con él.

Julio César

Cayo Julio César fue un aristócrata romano de la antigua gens Julia, que aseguraban ser del linaje del hijo de Eneas, Ascanio (Julo). César apoyaba el control militar de Mario, así como también la restauración de Pompeyo de los tribunos. Ambicioso e inteligente, sabía cómo ganar popularidad. En el año 65 a.C., en la posición de edil, gastó mucha riqueza pública (o de Caso) en obras públicas y entretenimientos. En el año 63 a.C. se convirtió en Pontifex Maximus (el sacerdote líder), obteniendo el puesto por medio de sobornos. En el año 62 a.C. fue mencionado como uno de los conspiradores, junto con Catilina, en contra del estado, pero Cicerón aseguró que esto no podía ser posible. En el año 61 a.C., César se convirtió en gobernador de Hispania Ulterior (hoy en día Portugal).

El Primer Triunvirato (60 a.C.)

El Primer Triunvirato (el gobierno de tres) fue una alianza creada por Pompeyo, Craso y César, que pensaron que serían aún más poderosos juntos. Todos ellos estaban insatisfechos en sus ambiciones –la petición de tierra de Pompeyo fue bloqueada por la élite, los compañeros de Craso lo eclipsaban, y a César no se le permitió ser considerado para el consulado in absentia– y tenían que hacer algo al respecto.

A César se le requería estar en Roma en persona para poder ser candidato, así que regresó, aliado con Pompeyo y Craso, y formó el Primer Triunvirato. César fue elegido cónsul en el año 59 a.C. El Senado no podía desestimar las demandas de tres generales con tanta facilidad. César ayudó a Pompeyo a obtener las parcelas para sus soldados y la aprobación de su restitución al finalizar la guerra en el este. César casó a su hija Julia con Pompeyo para fortificar su amistad.

César y los Galos

César se convirtió en Gobernador Proconsular en Galia, una posición que le trajo un poder colosal. Él todavía podía participar de forma activa en la vida política de Roma, pero también tenía un ejército, un mando provincial significativo con un ejército, y la posibilidad de conquista. Entonces, conquistó todo desde Roma hasta la línea costera del Atlántico y el Mar del Norte. Incluso lideró expediciones a Britania, un lugar concebido como el fin del mundo.

César escribió él mismo un relato detallado de su campaña de nueve años conocida como la Guerra Gálica. Sus escritos, sin duda, son sesgados –después de todo, tenían que servirle como buena publicidad– pero contienen un nivel de detalle fantástico de esta guerra. Disciplina, logística, discusiones acerca del enemigo, y la despiadada destrucción de revueltas en contra del gobierno romano, él escribió acerca de todo ello. César fue brutal para los galos para ser un héroe romano.

Capítulo 9 – Senatus Populus-Que Romanus (SPQR) y su Caída

Mientras que César estaba ocupado peleando en Galia y Bretaña y estableciéndose como un verdadero líder romano, en Roma había mucha tensión. El tribuno Publio Clodio Pulcro estaba al mando, pero sus actividades respaldaban los intereses y competiciones privadas, las cuales eran una marca registrada de la política romana. Utilizó los fondos de César para pagar a grupos de vándalos para que hicieran lo que se les ordenaba. Clodio Pulcro también desterró a Cicerón de Roma utilizando la cuestionable legalidad de matar a sus seguidores. Luego, derrocó al rey de Chipre para poder utilizar su fortuna. A continuación, hizo prisionero a Pompeyo en su propio hogar y Pompeyo respondió con medidas similares. Empleó a mafiosos y logró aprobar una ley para que Cicerón pudiera regresar. Pulcro incluso intentó seducir a la esposa de César, Pompeya. Su comportamiento lascivo justificó que Pompeyo aumentara su autoridad en Roma a costa de César.

El nombre oficial de la República en este momento era SPQR, lo cual significaba "El Senado y el Pueblo de Roma". El título es irónico porque el pueblo de Roma tenía menos poder que nunca antes. El cuidado de sus intereses fue dado a los tribunos, pero los tribunos podían estar –y por lo general lo estaban– corruptos hasta la médula.

El pueblo de Roma (PQR dentro de SPQR) era un cuerpo político constituido por ciudadanos hombres (las mujeres no tenían derecho a votar) de Roma –aproximadamente un millón en el año 63 a.C. Pero la mayoría de ellos nunca se presentaban en las elecciones. Por otro lado, nadie podía convertirse en cónsul a menos que el pueblo lo eligiera.

Cicerón contra Catilina: la historia que resume la Roma del año 63 a.C.

Lucio Sergio Catilina era un noble enfadado y en bancarrota. Se creía que era el arquitecto de un complot para asesinar a los oficiales electos de Roma e incendiar el Senado. De esa forma, anulaba las deudas de ricos y pobres por igual, y las deudas eran nuevamente uno de los problemas significativos de la población.

Este fue uno de los eventos políticos centrales del siglo; César tenía algunas ideas radicales acerca de la mejor manera de castigar a los conspiradores, Craso actuaba detrás de escena, pero el protagonista principal y el oponente de Catilina era Marco Tulio Cicerón, el renombrado orador, político, filósofo, sacerdote, poeta, relator, y muchas otras cosas. El nombre de Cicerón estaba en la lista de aquellos marcados para ser eliminados. Este fabuloso orador nunca dejaba pasar una oportunidad de, con su maravillosa oratoria, asegurar que él había expuesto el horrible plan de Catilina y salvado al estado. La verdad es que este fue un punto de inflexión en su carrera, pero su mejor momento no iba a durar, ni tampoco lo haría el estado que él aseguraba haber salvado.

Cicerón y Catilina, por supuesto, no estaban de acuerdo políticamente, pero era mucho más que un conflicto ideológico. Incluso cuando ambos estaban en la cima de la política romana, estos dos hombres provenían de distintos orígenes. La familia de Catilina podía rastrearse hasta los legendarios padres fundadores de Roma; se decía que habían llegado antes de que Roma siquiera existiera y, además, su bisabuelo había peleado contra Aníbal. Catilina mismo había sido electo para muchos oficios políticos menores, pero ahora estaba peligrosamente cerca de la bancarrota. Su nombre estaba ligado a crímenes tales como la muerte violenta de su primera esposa e hijo y una relación sexual con una sacerdotisa "virgen". Pero sus dificultades financieras se originaron, en parte, por sus frecuentes intentos de financiar su anhelada posición como cónsul. Ya había sido derrotado en los años 64 y 63 a.C., y, dado que las elecciones eran un asunto costoso, se quedó sin riquezas.

La historia de Cicerón era totalmente diferente. Él era un "hombre nuevo" al igual que Mario. Cicerón venía de un pequeño pueblo y nadie en su familia había entrado en la arena de la política romana, pero cultivó conexiones hasta en los más altos niveles y su talento le permitió hablar para avanzar hasta lo más alto. Él era un brillante abogado, una superestrella, y fue elegido para ocupar cargos menores con la misma facilidad que Catilina. En el año 64 a.C., Cicerón ganó y Catilina perdió. Los votos de los ricos siempre tenían más peso, y la élite romana decidió que Cicerón era una mejor opción. El segundo cónsul electo ese año fue Cayo Antonio Híbrida, tío de Marco Antonio.

En el año 63 a.C., tanto Cicerón como Catilina volvían a ser candidatos de nuevo. Cicerón actuó como si temiera por su vida. Pospuso las elecciones y, cuando finalmente se llevaron a cabo, llegó con un guardia armado. Una pechera de militar se notaba por debajo de su toga. Su táctica resultó; el programa de Catilina funcionó a favor de Cicerón también, dado que alejó al antiguo patricio todavía más de la élite.

Poco después de las elecciones, Cicerón empezó a sacar a la luz más pruebas de conspiración de fuentes tales como una cierta Fulvia, la novia de uno de los 'colaboradores' de Catilina. Otras pruebas llegaron con la ayuda del dinero de Craso, y Cicerón evitó un intento real de asesinato en noviembre. Fuerzas armadas se estaban agrupando en las afueras de la ciudad, y Cicerón convocó al senado en una reunión para condenar formalmente a Catilina y desterrarlo.

Se emitió un decreto que permitía que Cicerón tomara medidas drásticas para "asegurarse de que el estado no sufra daños". Ahora el senado escuchaba el caso de Cicerón en contra de Catilina. Como siempre, estuvo brillante; su discurso era una combinación de ira, pasión, humildad y un hecho concreto. Recapituló el pasado infame de Catilina, expresó un arrepentimiento sentido por no haber respondido lo suficientemente rápido a la amenaza, y reveló detalles de la conspiración. Catilina se presentó en persona para confrontar la acusación y pidió a los senadores que no confiaran en todo lo que oían. Todo lo que tenía que decir fue para insultar el origen humilde de Cicerón y compararlo con el suyo, pero su posición no era esperanzadora y tuvo que dejar la ciudad.

Catilina se unió a sus seguidores, que habían formado un ejército en la frontera con Roma. Mientras tanto, Cicerón expuso a aquellos que todavía estaban dentro de la ciudad; fueron arrestados, e intentaron presentarse como inocentes. Cuando se encontró que la casa de uno de ellos estaba llena de armas, este declaró que su pasatiempo era coleccionar armas. [xxxiii]

Aunque el senado se tomó algún tiempo para debatir el destino de los conspiradores, nunca se emitió un juicio en sí. Cicerón utilizó su autoridad en caso de emergencia, hizo que todos fueran ejecutados, y anunció su muerte con una sola palabra: *vixere.* Literalmente quiere decir "han vivido" (pero ahora están muertos).

Unas pocas semanas después, las legiones romanas subyugaron al ejército de Catilina en el norte de Italia. Catilina cayó peleando heroicamente, como un verdadero líder, pero el comandante romano, Antonio Híbrida, encontró una excusa para perderse la batalla final. Quizás apoyaba a Catilina en secreto, y todos estos problemas tenían algo que ver con Craso. Además, nadie sabe con certeza de qué lado estaba César.

Cicerón fue aclamado como *pater patriae,* uno de los mejores títulos al que se podía aspirar en una sociedad como la de Roma; pero en su último día como cónsul, sus rivales no permitieron que hablara a la gente. "Aquellos que han castigado a otros sin una audiencia no deberían tener el derecho a ser escuchados",[xxxiv] dijeron. En el año 58 a.C., el pueblo de Roma votó para desterrar a cualquiera que matara a algún ciudadano sin un juicio previo. Cicerón inmediatamente dejó Roma y pasó un año en Grecia del norte. Eventualmente, el pueblo votó a favor de su regreso. Sus seguidores le dieron una cálida bienvenida, pero su casa había sido destruida y en su lugar había un altar a Libertas. Nunca logró restaurar su carrera política.

Capítulo 10 – El Ascenso y la Caída de Julio César y el Fin de la República Romana

La República Romana había estado en declive durante años, pero finalmente terminó en el año 43 a.C. Quince años después, Roma se convirtió en el Imperio romano. Un solo hombre, Octavio Augusto, modificó la regulación de la república de forma que él tuviera el poder absoluto.

César contra Pompeyo

Durante el Primer Triunvirato, Craso, Pompeyo y César, tenían cada uno un ejército personal que los respaldaba, obligando al Senado a hacer lo que ellos requerían. Hacia el año 53 a.C., Craso estaba muerto, y César y Pompeyo se convirtieron en rivales –y todavía se convertirían en enemigos. Ambos tenían imperium: el poder de comandar un ejército.

En el año 50 a.C., el cónsul Cayo Marcelo pidió que César se retirara de Galia. Escribonio Curión, un tribuno en bancarrota cuyo apoyo César había comprado, vetó la demanda de Marcelo, por lo que el cónsul apeló a Pompeyo para que protegiera la república y utilizara su ejército para hacer que César renunciara a su mando. César dijo que renunciaría a su mando si Pompeyo hacía lo mismo, pero esto nunca sucedió. Se enviaron nuevos gobernadores a las provincias galas. El nuevo tribuno, Marco Antonio, intentó votar esta decisión pero se le advirtió que pronto estaría muerto si lo hacía. Cicerón, aunque estaba en contra de César y del Triunvirato, quería tratar una solución en buenos términos, pero el Senado le otorgó a Pompeyo el *Senatus Consultum Ultimum,* y el poder para hacer de César un enemigo público y deshacerse de él de una vez por todas.

Cruzar el Rubicón

César tenía dos opciones: podía rendirse ante Roma como enemigo público, o quedarse allí y ser tomado por sus enemigos en Galia. Entonces eligió la tercera opción: en el año 49 a.C., tomó su ejército desde Galia, cruzó el Río Rubicón y atacó Italia. Esto podía ser una declaración de guerra en contra de la República, pero César no tenía nada que perder, *lacta alea est.*

César todavía estaba dispuesto a compartir el poder con Pompeyo, pero este último no lo estaba –o por lo menos sus asesores no lo estaban. La guerra comenzó, César ganó, y Pompeyo escapó hacia Grecia.

César tomó su ciudad; los senadores estaban asustados, pero las tropas de César eran altamente disciplinadas. No arruinaron nada y no mataron a los oponentes de César. La reputación de César permaneció intacta. Más aún, tuvo muchos gestos populares – canceló deudas, introdujo italianos en el Senado, y permitió que los hombres que habían sido exiliados por Sila y Pompeyo regresaran a Roma. Incluso los soldados de Pompeyo que permanecieron en Roma fueron perdonados y fueron reclutados para César.

César envió un ejército liderado por Escibonio Curión a África para lidiar con la rebelión del gobernador Accio Varo, quien apoyaba a Pompeyo. Curio fue derrotado, pero César, casi al mismo tiempo, fue a la provincia de Pompeyo en España y derrotó a los dos diputados de Pompeyo en un mes.

Mientras tanto, Pompeyo juntó un gran ejército en Grecia, el cual incluía soldados romanos de guarniciones fronterizas, teniendo en su poder el doble de hombres que César. Pompeyo intentó retomar Italia, pero eso no funcionó. Los dos ejércitos lucharon varias veces y César, finalmente, derrotó a Pompeyo en la Batalla de Farsalia en el año 48 a.C. La mayor parte de las fuerzas enemigas fueron capturadas, pero César ordenó a sus hombres que 'perdonaran a sus conciudadanos'. Pompeyo escapó a Egipto, donde fue asesinado por los hombres del niño rey Ptolomeo XIII. Cuando César vino por él, le otorgaron su cabeza desencajada. César se sintió furioso con los asesinos de Pompeyo y los mandó ejecutar.

Ptolomeo XIII esperaba que César le brindara su apoyo en contra de su hermana Cleopatra VII. En cambio, César la puso en el trono al apoyar a su otro hermano y esposo, Ptolomeo XIV. Mientras tanto, Cleopatra se convirtió en su amante y dio a luz a su hijo.

Una Digresión Romántica: César y Cleopatra

El episodio egipcio merece una mirada más de cerca. Algunos eventos –no solo cruciales para la historia del mundo antiguo, sino también transcendentales para la vida y carrera de César– se suscitaron durante esta visita.

Ptolomeo XIII, el gobernante de Egipto, dependía del apoyo de Roma, tal vez más que cualquier otro aliado romano en ese período. No tenía absolutamente ningún apoyo público; su hermana y esposa (puede parecer extraño, pero a los gobernantes egipcios, especialmente los ptolomeos, les gustaba mantener el poder en la familia) era la famosa Cleopatra VII. Ella era mayor y más inteligente que su hermano y esposo. El pueblo la amaba por su generosidad y el hecho de que ella era la única persona en esa dinastía gobernante a la que realmente le importaba la gente y sabía hablar egipcio. Se convirtió en reina cuando se casó con el heredero legítimo del trono, el ya mencionado Ptolomeo XIII. En ese momento, él era todavía un niño –lo cual le permitía a Cleopatra gobernar sola– pero eventualmente creció. Él era un gobernante totalmente diferente a ella; Ptolomeo XIII era cruel, arrogante, y de hecho muy débil. El pueblo de Egipto lo odiaba y apoyaba a Cleopatra. La pareja gobernante se convirtió en dos de los más grandes enemigos en la guerra por el trono de Egipto.

Ptolomeo utilizó algunos métodos deshonestos para hacer que el pueblo de Egipto se volviera en contra de su amada reina. Sus seguidores falsificaron y distribuyeron a nombre de Cleopatra un decreto de que todas las provisiones de grano debían enviarse a Alejandría, y no al resto de Egipto. Como resultado, Cleopatra tuvo que abandonar el país y buscar refugio en Siria. Pero ella no se fue para siempre. En el año 48 a.C., ella reunió un ejército y llegó hasta la frontera de Egipto, decidida a reemplazar a Ptolomeo en el trono. Y este fue el momento en el que intervino César.

César tenía dos razones para ir a Alejandría: perseguía a Pompeyo, pero también había sido invitado a ser mediador entre Ptolomeo y Cleopatra. Ptolomeo le envió la cabeza de Pompeyo –un acto de interpretación ambigua, ya que podía significar una prueba de amistad o una amenaza. César quedó estupefacto; Pompeyo era su rival, pero César creía que no se merecía una muerte tan horrible. Encolerizado, César marchó hacia Alejandría y tomó control del palacio. Ordenó a ambos bandos que despidieran a sus ejércitos y se reunieran con él. Cleopatra sabía que su esposo no la dejaría entrar a la ciudad viva, así que entró disfrazada, escondida dentro de una alfombra oriental que fue entregada a César como un regalo. César se enamoró inmediatamente de ella y esa noche él y Cleopatra se convirtieron en amantes.

Ptolomeo, por otro lado, se sintió traicionado, pero su final estaba cerca. Después de seis meses, lo encontraron ahogado en el Nilo. Cleopatra estaba casi lista para tomar el trono, pero siendo mujer no era una heredera legítima. Afortunadamente, su hermano todavía menor, Ptolomeo XIV, sí lo era, así que se casó con él. El nuevo Ptolomeo era muy joven para consumar el matrimonio, un placer que le pertenecía a César. Cleopatra dio a luz a su hijo, llamado Ptolomeo César, también conocido como Cesarión.

Su relación romántica perduró hasta la muerte de César. Cleopatra pasó dos años en el palacio de él, y se le concedieron un gran número de regalos y títulos. Después de que César fuera asesinado, ella regresó a Egipto, planeó el asesinato de su esposo y se casó con su hijo, Cesarión, para asegurarse de que él obtuviera el trono. Eso, desafortunadamente, nunca sucedió. Después del siguiente episodio en su vida amorosa –el que involucra a Marco Antonio– Octavio Augusto hizo que el joven Cesarión fuera ejecutado.

Triunfo en Roma

En el camino de regreso a Roma en el año 47 a.C., César derrotó a todos los oponentes de Farnaces en cinco días. Su victoria se resumió en las famosas palabras *veni, vidi, vici* (vine, vi, conquisté). En el año 46 a.C., ganó la Batalla de Tapso contra un ejército leal a Pompeyo.

César se convirtió en el único líder del mundo romano. El Senado nombró a César dictador durante diez años. Él tuvo que reparar el daño, restaurar la República, fijar la residencia de veteranos, y restablecer la ley y el orden. César trajo soluciones concretas para restaurar la estabilidad en el mundo romano. Sus reformas incluyeron:

- Perdonar la vida a los seguidores de Pompeyo si estaban dispuestos a pasarse al bando de César.
- Disminuir el número de alborotadores ociosos al reducir a la mitad el número de romanos que dependían del subsidio gratuito de maíz.
- Fijar la residencia de los veteranos de su ejército en colonias extranjeras.
- Establecer nuevas colonias y concederles el estatus de romanos o por lo menos latinos.
- Conceder la ciudadanía romana a aquellos que la merecían.
- Permitir la entrada a los italianos, y a algunos galos, al Senado, y extender el conocimiento del Senado a asuntos fuera de Roma.

- Mejorar los enlaces de los caminos hacia el puerto en Ostia.
- Conceder el estado latino a Galia Transpadana.
- Reducir los impuestos en algunas provincias.

César fue admirado por sus reformas. Realmente él había hecho mucho para asegurar la estabilidad en el mundo romano. El Senado pensó que César operaría dentro del sistema republicano, pero ese no fue el caso. Él todavía tenía a su poderoso ejército y, más aún, él se nombró a sí mismo como cónsul durante varios años y tomó para sí los poderes de los tribunos. Los tradicionalistas lo criticaron por sofocar el sistema republicano; él metía a sus hombre en el Senado y después hacía lo que quería. Su palabra era la ley. César se extralimitó varias veces, y uno de sus errores fue permitir que se erigieran estatuas de él junto a las de los dioses y reyes. Sus monedas tenían su retrato también. Todo lo que hacía molestaba a sus oponentes silenciosos. En el año 44 a.C., César se convirtió en *Dictator Perpetuus* (Dictador vitalicio) y actuó como un rey. Al pueblo romano solo le interesaba la estabilidad y el liderazgo; estaban contentos porque las reformas de César pusieron un punto final a años de luchas. Pero los senadores lo resentían, y Cicerón se refirió a él como a un tirano. César pensó que era invencible y dejó de llevar guardaespaldas con él. Se estaba preparando para derrotar a Partia, cumplir una profecía y convertirse en rey romano.

Los adversarios de César sabían que se iría el 18 de marzo del año 44 a.C. si no hacían algo inmediatamente. El 15 de marzo del 44 a.C., los idus de marzo, Bruto y Casio, apuñalaron a César en una reunión del Senado. Pensaron que habían liberado a Roma de un tirano y que serían celebrados como los libertadores de la República, pero estaban equivocados. Bruto y otros conspiradores encontraron el Foro vacío. Los senadores se fueron, y también todos los demás. Los conspiradores supieron entonces que debían irse de la ciudad.

Marco Antonio tomó el liderazgo. Él era el co-cónsul de César y leal seguidor durante muchos años. Cicerón –que fue uno de los conspiradores– creía que Antonio debía haber sido eliminado también.

El funeral de César desató la ira pública. La multitud vandalizó el foro y linchó a alguien que se parecía a uno de los conspiradores. Un grupo de hombres se apresuraron en dirección a las casas de Bruto y Casio para matarlos, pero habían escapado y huido de Roma.

Marco Antonio y Octavio

Marco Antonio logró calmar al pueblo y estabilizar una situación posiblemente catastrófica después del asesinato de César. Guio a los conspiradores para que escaparan, les dio algunas tierras lejos de Roma a los veteranos de César, y terminó con la dictadura. Bruto y Casio incluso se convirtieron en gobernadores de provincias. Pero el Senado no estaba de acuerdo con la manera en la que Antonio estaba gastando fondos y vendiendo beneficios utilizando documentos falsos. Finalmente, el Senado nombró a alguien más como heredero de César –su sobrino nieto e hijo adoptado, Cayo Octavio Turino, que llegó a ser conocido como Octaviano. Octaviano era el heredero legítimo, de acuerdo con el testamento de César.

El fin de la República (44-43 a.C.)

Octaviano, de 18 años de edad, rápidamente llegó desde Epiro, donde estaba obteniendo entrenamiento militar, a Roma; cambió su nombre a Cayo Julio César Octaviano, para asegurarse de ganarse el favor de las tropas de César. La tensión entre él y Marco Antonio, que estaba gastando la fortuna de César descuidadamente, comenzó de inmediato. Cicerón también criticó a Antonio por su oportunismo.

Antonio se convirtió en gobernador en Galia e intentó movilizar el ejército desde Macedonia hasta Galia. Estaba planeando atacar a Bruto, y el Senado lo convirtió en enemigo público.

El Senado quería que Octaviano se hiciera aliado de Bruto y lo castigaron reteniendo el dinero cuando no quiso hacerlo. Finalmente, Octaviano se reunió con Antonio, y junto con Marco Emilio Lépido, el gobernador de España, formaron el Segundo Triunvirato, el cual duró cinco años. El poder del Segundo Triunvirato socavó el del Senado. Octaviano, Antonio y Lépido podían hacer lo que quisieran. La ley que estableció el Segundo Triunvirato fue aprobada el 27 de noviembre del año 43 a.C. Fue el fin de la República romana. Justo una década después, Octaviano se convertiría en el maestro indiscutido del Imperio romano.

Conclusión

El ascenso y la caída de la República romana tienen un lugar distintivo en la historia del mundo occidental. Desde los comienzos modestos en las siete colinas al lado del Río Tíber, la ciudad de Roma se convirtió en el poder dominante en el mundo mediterráneo antiguo. Liderados por los nobles en el senado, las fuerzas militares de la República triunfaron en Cartago y las monarquías sucesoras de Alejandro Magno, y tomaron las ciudades y tribus cercanas al este y al oeste bajo el dominio de Roma. Sin embargo, el logro de la República fue también una semilla de la catástrofe. Las mismas fuerzas que impulsaban el crecimiento y las conquistas de Roma, y los tesoros que traía esta conquista, causaron una crisis política, social y económica y apresuraron a la República hacia el caos de la guerra civil. El Senado y otras instituciones republicanas no podían lidiar con el peso de sostener el imperio romano, y al final todo el poder cayó en manos de Octaviano Augusto, el primer emperador romano.

Durante generaciones futuras, la República romana ha ofrecido un patrón, inspiración y una advertencia. Las leyendas del pasado de Roma y los héroes y enemigos de la República nunca dejaron de alimentar la imaginación. Libros, películas, y series todavía se apoyan en su legado actualmente, incluso cuando su nivel de precisión histórica dista mucho de ser perfecto. La historia misma de la República es tan fascinante como cualquier ficción. Contiene momentos del drama más profundo, desde la historia mitológica de Rómulo, el viaje de Aníbal sobre los Alpes hasta Julio César en las costas del Rubicón y en el Senado en los Idus de Marzo.

Dos mil años han pasado desde la caída de la República romana, pero su legado continúa vivo. El Imperio romano, que surgió de las cenizas de la República, continuó manteniendo las tradiciones republicanas, incluso cuando la tiranía imperial ocupó el lugar del gobierno senatorial conjunto. La lenta transformación del Imperio a la cristiandad agregó un nuevo elemento de admiración por la antigüedad de Roma combinado con críticas por su pasado pagano.

Durante los siguientes dos siglos, la influencia de la República de Roma se desvaneció, hasta el Renacimiento. La teoría política de Maquiavelo y las obras de Shakespeare ayudaron a revivir los ideales, héroes y anti-héroes de la historia republicana. Este nuevo conocimiento acerca del pasado de Roma tuvo consecuencias más significativas en el siglo XVIII, cuando las grandes revoluciones de Estados Unidos y Francia encontraron inspiración en las nociones de una utopía republicana. La República romana todavía se extiende en las culturas occidentales modernas desde la política a la cultura popular, influyendo nuestras vidas de muchísimas maneras.

Línea de Tiempo^{xxxv}

Todas las fechas son a.C.

754/3 Fecha tradicional de la fundación de Roma

509 Expulsión de los reyes etruscos; fundación de la República

494 Primeros tribunos elegidos por la plebe

451/450 Ley de las Doce Tablas

396 Captura de Veyes

390/386 Galos saquean Roma

367 Leyes Licinio-Sextias: se reparte el poder político entre los patricios y los plebeyos

282-275 Guerra con Pirro, rey de Epiro

264 Primer combate gladiador en Roma

264-241 Primera guerra púnica

241 Sicilia se convierte en la primera provincia romana

238 Las provincias de Cerdeña y Córcega son establecidas

225 Galos invaden Italia

219/218 Lex Claudia limita las actividades comerciales de los senadores

218-201 Segunda guerra púnica

200-146 Guerras contra Macedonia y en el este

197 Dos provincias españolas se establecen; Filipo V, rey de Macedonia derrotado en Cinoscéfalas

196 Flaminio proclama la libertad de Grecia

190 Antíoco III, rey de Siria, derrotado en Magnesia

186 Supresión del culto bacanal en Italia

168 Perseo, rey de Macedonia, derrotado en Pidna

149 Establecimiento de la primera corte con jurado permanente

149-146 Tercera guerra púnica

146 Destrucción de Corinto y Cartago; establecimiento de provincias de Macedonia y África

133 Pérgamo legado a Roma por su último rey, Atalo III

133-12 Reformas de los hermanos Graco

129 Establecimiento de la provincia de Asia

121 Establecimiento de la provincia de Galia Narbonense (Provenza); primera suspensión de la constitución

112-105 Guerra con Jugurta, rey de Numidia

107 Reformas de Mario en el ejército

100 Establecimiento de la provincia de Cilicia

91-87 Guerra Social: Todos los italianos se convierten en ciudadanos romanos; Sila captura Roma

83-82 Guerra civil

82 Sila captura Roma

82-79 Sila controla Roma: restauración de la República

75/74 Establecimiento de la provincia de Cirenaica

67 Establecimiento de la provincia de Creta; derrota de los piratas

66-63 Pompeyo en el este

64 Establecimiento de la provincia de Siria

63 Establecimiento de las provincias de Bitinia y Ponto; consulado de Cicerón; conspiración de Catilina

60 Alianza política de Pompeyo, César y Craso

59 Establecimiento de las provincias de Chipre e Ilírico; consulado de César

58-50 Guerra gala

49 César cruza el Rubicón e invade Italia

49-45 Guerra civil entre César y sus oponentes senatoriales (esp. Pompeyo y Cato)

44 César es nombrado dictador vitalicio; César es asesinado en los idus de marzo

43 Triunvirato de Antonio, Octaviano y Lépido; asesinato de Cicerón

42 Bruto y Casio mueren después de la derrota de Filipos

31 Batalla de Accio: Octaviano derrota a Antonio y Cleopatra

27 Octaviano "restaura la república" y toma el nombre de Augusto

Segunda Parte: El Imperio Romano

Una Guía Fascinante sobre el Ascenso y la Caída del Imperio Romano que incluye las historias de Emperadores como Augusto Octavio, Trajano, y Claudio

Introducción

El Imperio Romano fue una de las fuerzas más imponentes del mundo antiguo.

El Imperio Romano no es otro aburrido cuento histórico. Por el contrario, despierta nuestra imaginación, nuestros miedos y hasta nos entretiene.

Esta es la historia de los hombres y mujeres fascinantes—los emperadores, sus esposas, padres, hermanos, hermanas e hijos—que constituyen el atractivo de este imperio. Algunos de ellos como Marco Aurelio y Antonino Pío, eran sabios y virtuosos: otros—como Calígula, Cómodo y Caracalla—fueron verdaderos monstruos, cuya sed de sangre y apetito sexual no tenían límites. Conocemos a estos personajes debido a la extensa labor de historiadores como Seutonio, Dion Casio y Plinio, quienes, mediante registros escritos, mantuvieron vivas las rutinas y hábitos de estas superestrellas imperiales. No todas las historias son ciertas—después de todo a los Romanos se les atribuye la invención y desarrollo de la propaganda política y la tergiversación de información—pero las que sí son ciertas son, sin duda, fascinantes.

Esta historia comienza con varios eventos relevantes: el asesinato de Julio César, el fin de la República Romana, la rivalidad entre Octavio y Antonio, y sus consecuencias. Termina cinco siglos después cuando el imperio colapsó por conflictos externos e internos. Durante su existencia, el imperio experimentó eventos increíbles, muertes curiosas, matrimonios extraños, y tiranos deificados. Una cosa es segura, aunque se tratara de un niño mimado o de un ambicioso general del ejército, ser emperador no era un trabajo fácil.

En su apogeo, durante el reinado de Trajano, en el siglo II d.C., la población romana estaba conformada por casi 100 millones de personas dispersas en un área de 5 millones de kilómetros cuadrados—desde el Muro de Adriano al norte de Inglaterra (y, durante un corto periodo de tiempo, parte de Escocia) hasta las riveras del Éufrates en Siria y el desierto del Sahara, y desde Portugal hasta Persia (el actual país de Irán). Se expandía por gran parte de Europa, y tenía un control total del Mar Mediterráneo (o "mare nostrum"—nuestro mar—como era conocido por los romanos). Eventualmente, el imperio se hizo muy grande como para poder ser defendido con eficiencia. Sus últimos gobernantes y las élites estaban muy ocupados luchando entre ellos mismos por el poder. Esta es la historia de los eventos y personajes más relevantes ocurrida en un periodo entre dos acontecimientos importantes – el auge de Augusto en el primer siglo a.C. y el último saqueo de Roma a finales del siglo V d.C.

Capítulo 1 – De la República al Imperio: El Ascenso de Octavio

El Colapso de la República

La descomposición que había empezado décadas atrás se hizo presente en la constitución de la República romana. El nombre oficial del Estado—SPQR (Senatus Populusque Romanus/El Senado y el Pueblo Romano)—había perdido su valor. El siglo I a.C.—el último que vería la República—estuvo marcado por la influencia de individuos poderosos en lugar del Senado y del pueblo. Mario, Sula, Pompeyo y César son algunos de los nombres que, poco a poco, disminuyeron la importancia y el poder de las instituciones romanas. Ellos contaban con ejércitos privados tan numerosos que podían atacarse entre ellos y hasta asaltar la misma ciudad. Al mismo tiempo, mantenían a sus enemigos cerca al casarse con las hermanas e hijas de estos.

La intriga política y el descontento de las masas hicieron de estos últimos años de la República un verdadero caos. La nación más poderosa del mundo antiguo casi fue destruida desde dentro por una serie de conflictos civiles y derramamientos de sangre. Los primeros jefes militares que debilitaron de manera considerable la autoridad del Senado fueron Cayo Mario y Lucio Cornelio Sula. Los protagonistas del Primer Triunvirato, Marco Licinio Craso, Cneo Pompeyo Magno y Cayo Julio César, continuaron esta tendencia.

Tras la muerte de Craso, César y Pompeyo rompieron todo lazo de hermandad y se convirtieron en rivales luchando por el control de Roma y sus provincias. César emergió victorioso, pero fue asesinado en el año 44 a.C. El Segundo Triunvirato acabó con las esperanzas del Senado y la República. Esta nueva mezcla entre alianza y rivalidad llegó de las manos del más grande aliado de Julio César, Marco Antonio, y un nuevo contendiente, Cayo Julio César Octavio, recordado en la historia como Augusto.

La Muerte de Julio César y sus consecuencias

De acuerdo con sus seguidores, el error más grande del César no fue tolerar, sino permitir y disfrutar, ser visto y presentado como el rey de Roma. Su estatus social era parecido a aquel de los reyes de antaño, su rostro aparecía en monedas y tenía la última palabra en todo. Una de sus frases favoritas, con un tono irónico, era:"Soy el César, no un Rey"[1]. Esto no lo salvó. Los autodenominados "Libertadores" buscaron la manera de salvar a la República de las manos de este autócrata. Lo consiguieron. Pero el asesinato del César fue un acto de desesperación. La élite que controlaba Roma desde las sombras se encontraba ahora en peligro. Bruto y el resto de los Libertadores no contaban con el apoyo popular para tomar control del gobierno y se vieron en la obligación de abandonar Roma esa noche y enfrentarse a las masas enfurecidas. Eligieron desaparecer, pero no para siempre.

En aquel momento, Marco Antonio tomó el poder. Él fue uno de los seguidores más leales de César desde el principio. Marco Antonio defendió los ideales de César más de una vez en el año 49 a.C. y hasta había comandado a su ejército en varias ocasiones. En el año 44 a.C., cuando los *Idus* de Marzo (se refiere a un día en mitad del mes en el calendario romano) tuvieron lugar, él era compañero de César en el consulado. Se encargó, además, de organizar el funeral de Julio César y de avivar el sentimiento popular en contra de la muerte de este líder. Pero también les concedió amnistía a los conspiradores, permitiéndoles escapar y otorgándoles control sobre las provincias del este del imperio (lo que se conocerá como el Este de ahora en adelante). Esta situación delicada no derivó en una catástrofe gracias a que Marco Antonio mantuvo a todos contentos. Bueno, a casi todos. El Senado no estaba de su lado. Además, en el testamento de César, Marco Antonio no había sido nombrado como su sucesor.

Octavio, Antonio y el Segundo Triunvirato

Estas noticias llegaron al joven Cayo Octavio Turino[2] al poco tiempo de alistarse para su entrenamiento militar al norte de Grecia. Tras escucharlas, emprendió el viaje de regreso a Roma para reclamar su derecho al poder, cambiando su nombre a Cayo Julio César Octavio (nombre al que añadiría más títulos conforme pasaron los años para denotar su estatus "divino", y que, posteriormente, cambiaría a Augusto para lavarse las manos, pero no nos adelantemos).

Octavianus Augustus.[4]

Octavio (así lo llamaremos por ahora) mostró su descontento al enterarse de que Marco Antonio había dilapidado parte de los fondos públicos y privados de Julio César para mantener a todos contentos y comprar su camino a la cima. Casi de forma instantánea, estos dos hombres se volvieron enemigos. Los antiguos enemigos del César (y ahora de Antonio) pertenecientes al Senado habían encontrado su oportunidad. Cicerón fomentó esta rivalidad. En su "Filípicas"[5], dijo que Marco Antonio era un oportunista de ambiciones tan grandes como las de César, pero sin las destrezas de este último. Según Cicerón, Antonio había abandonado la idea de la dictadura, pero su monstruosa estrategia de promoción mantenía a sus aliados criminales fuera del alcance de los hombres virtuosos.[6] La tensa situación política en Roma le hizo creer a Antonio que Octavio planeaba eliminarlo. Por esta razón, se aseguró de convertirse en gobernador de Galia (la actual Francia) para reubicar al ejército de Macedonia en territorio galo.

En este punto, Octavio no tenía la autoridad para dirigir un ejército, ya que todavía era un "privatus"—un ciudadano privado de la disposición para ejercer cargos públicos u oficios militares. Sin embargo, ganó un gran número de seguidores entre los hombres del César debido a los fondos que recaudó para estos. Hay que recordar que Octavio no tenía acceso a los fondos públicos ni a la tesorería del César (y con esto nos referimos a lo que Antonio había dejado de ambas). Así que se vio en la obligación de recaudar los fondos de otra manera; pero pudo hacerlo. Además, contaba con el apoyo del Senado y la élite, que lo necesitaban para deshacerse de Antonio y traer a los Libertadores de vuelta a Roma. Ellos le permitieron comandar un ejército contra Antonio.

La Batalla de Mutina tuvo lugar en el año 43 a.C. Fue un conflicto complejo desde el punto de vista político por las siguientes razones: Antonio quería atacar a Bruto; Octavio a Antonio, pero no quería ponerse del lado de Bruto. Octavio resultó victorioso, pero Antonio logró escapar. Además, como Octavio se negó a unirse a Bruto, el Senado le hizo imposible mantener el control de las tropas al retener sus recursos económicos. Sus opciones en este punto eran limitadas. En agosto del año 43 a.C., él, junto a sus ocho legiones, marcharon a Roma y tomaron el control de la ciudad. Octavio se autoproclamó

Cónsul y decretó la *Lex Pedia*—una sentencia en contra de todos los conspiradores contra César.

Pero Octavio sabía que no había terminado su lucha contra los conspiradores. Así que, en noviembre del mismo año, él y Marco Lépido—un hombre que estuvo temporalmente a cargo de la administración de Roma y parte de los seguidores del César—se reunieron con Antonio cerca de Bolonia[7]. Los tres estuvieron de acuerdo en formar "Triumviri Rei Publicae Constituendae", o el Segundo Triunvirato, el cual tuvo como fin restaurar la república y castigar a todas las personas que habían estado involucradas en el asesinato del César. El Segundo Triunvirato se hizo oficial el 27 de noviembre del año 43 a.C. El establecimiento de esta institución disminuyó aún más el poder del Senado. Los tres gobernantes tenían la potestad de elegir a los magistrados y decidir en qué momento irse a la guerra sin necesitar el permiso de nadie. El nombre oficial del Estado, al igual que del triunvirato, incluía la palabra República, pero este término era parte de un pasado que jamás regresaría.

Para finales del mismo año, todos los conspiradores estaban muertos o habían sido exiliados de Roma. Trescientos senadores y dos mil ecuestres (ciudadanos adinerados que habían ganado riquezas e influencia durante la época de la república), que apoyaron a los Libertadores, fueron asesinados. La sangre de Cicerón fue derramada por Antonio. Octavio quiso perdonar a este viejo político, pero su compañero en el Triunvirato no pudo perdonar las duras palabras de este en Filípicas.

A pesar de sus diferencias, los tres hombres gobernaron Italia conjuntamente y compartieron las provincias. Octavio tomó África; Antonio, Galia; y Lépido, España. El este del Mediterráneo, al igual que las islas del Mediterráneo, seguía bajo el control de sus enemigos, Bruto, Craso y Sextino Pompeyo.

En el año 42 a.C., Antonio y Octavio lideraron un ejército para marchar a Grecia, dejando a Lépido a cargo de Italia en su ausencia.

Derrotaron a Bruto y Craso en la Batalla de Filipo, y ambos Libertadores terminaron suicidándose.

¿Aliados o Enemigos?

El Segundo Triunvirato no duraría mucho. Al regresar a Roma, Antonio y Octavio acusaron a Lépido de traición (aunque él no había hecho nada malo, su hijo Lépido el joven se había involucrado en una conspiración contra Octavio). Lépido fue enviado a África y sus provincias fueron repartidas entre los otros dos. Pero ambos tenían la intención de apoderarse de todo y tenían el poder para hacerlo. En el año 42 a.C., Julio César se había convertido en un dios, y los romanos habían construido un templo en su honor. Octavio, que era hijo adoptivo de César, ahora era considerado como el hijo de un dios. Pero Antonio también consiguió sacar beneficios de esto. La victoria en la Batalla de Filipo se le otorgó a él. Él era el general más habilidoso y la mente maestra de la milicia que hacía todo bien. Octavio estaba presente, pero estaba enfermo y su participación fue ineficiente.

Tras acabar esta guerra, Octavio regresó a Italia y Antonio fue al este a expandir el imperio. Quizá Antonio pensaba que nada cambiaría durante su ausencia. Sin embargo, pronto se daría cuenta de su error.

Cuando Octavio regresó de Filipo, confiscó propiedades y les dio estas tierras a soldados que estaban a punto de retirarse. Esto causó otra guerra civil. Los familiares cercanos de Marco Antonio, su esposa Fulvia y su hermano Lucio Antonio, fueron los principales que se opusieron a las acciones de Octavio y a una amenaza a su gobierno. Ellos fueron los encargados de hablar con los afectados, prometiéndoles que las tierras les serían devueltas a sus legítimos dueños y la república restaurada cuando Marco Antonio regresara de oriente. Esta oposición entusiasta, animada por la ira y una mezcla de interés e idealismo, pudo conseguir tomar el control de Roma, pero esto no duró durante mucho tiempo. Octavio contraatacó y los disidentes tuvieron que replegarse a Perusia (hoy en día Perugia). Estuvieron bajo asedio hasta el año 40 a.C. cuando finalmente decidieron rendirse. Pero la guerra civil continuó durante otra década gracias a las distintas facciones que proclamaban representar el legado del César.

Ese mismo año, Marco Antonio regresó a Italia y encontró una solución provisional a la disputa. Al principio, no fue bienvenido. Las fuerzas de Octavio le impidieron la entrada, y, en respuesta, Antonio capturó el puerto de Bríndisi. Eventualmente, los tres gobernantes llegaron a un acuerdo y gobernaron juntos durante otros cinco años. Fulvia había pasado a la historia. Antonio se casó con la hermana de Octavio, Octavia, para fortalecer los lazos de su alianza. Pero la situación no era tan buena y simple como podría parecer. Para entender lo complicado de esta relación, es necesario saber qué hizo Marco Antonio durante su campaña en oriente.

La Misión de Antonio y la Encantadora Cleopatra

Antes de los *Idus* de Marzo, César había estado planeando una invasión a Partia para retomar las provincias de Siria y Asia Menor. Tras su muerte, esta se convirtió en la misión de Antonio. Pero esta no fue la única forma en que Antonio remplazó a César.

Cleopatra se encontraba en Roma durante el asesinato de César. No tardó en escapar para evitar un destino similar al de su amante. Años después de la muerte de César, ella mantenía conexiones con romanos influyentes, como el antiguo nuero de Cicerón, Dolabela. Aunque esta relación no duró demasiado, ya que este último no vivió por mucho tiempo. Pero, entonces, apareció Antonio. Así fue como comenzó la relación que se convertiría en una de las historias de amor más grandes del mundo occidental.

Cleopatra y Antonio se habían conocido años atrás, cuando ella tenía tan solo 15 años y él era parte de la delegación romana que se reunió con su padre. Ahora, en el año 42 a.C., Cleopatra tenía 28 años ("la edad en la cual las mujeres son más bellas y su intelecto está en su cénit"[8]) y Antonio tenía poco más de 40.

Aunque Antonio había ido a Egipto para interrogar a Cleopatra por su auspicio a Craso, un enemigo de Roma (a pesar de su historia con Julio César, la influencia de esta mujer todavía movía hilos en el mundo político romano. Esto incluía relaciones con los asesinos de César), esto no hubiera terminado bien si ella no hubiese sido tan atractiva—pero lo era y era consciente de ello. En el siglo II d.C., Plutarco describió esa belleza con las siguientes palabras:

> "Su belleza no era incomparable, según nos dicen. Los que caían rendidos a sus pies no lo hacían solo con mirarla, pero conversar con ella tenía un encanto irresistible. Su presencia combinada con su discurso persuasivo y un carácter apacible al tratar con otros tenían un efecto hipnótico. A esto se sumaba la dulzura de su voz; su lengua, como un instrumento de muchas cuerdas, tenía la facilidad de afinarse de forma casi automática a cualquier idioma [...]"[9]

Antonio y Cleopatra disfrutaron su aventura, "una asociación conocida como Los Amantes sin Par, y cada día disfrutaban el uno del otro en encuentros largos y abundantes"[10], mientras Fulvia, la esposa de Antonio, se enfrentaba a Octavio en la guerra civil que había estallado en Roma. Cuando Antonio recibió noticias de Roma recordó por qué había ido al este en primer lugar. Rápidamente, se preparó para ir a Partia (aunque aún sigue siendo un misterio la razón por la que no fue a Roma primero).

En su camino, se enteró de que el conflicto en Roma era culpa de Fulvia en un intento desesperado por recuperar a su esposo de las manos de Cleopatra y traerlo de vuelta. No fue hasta el año 40 a.C.—después de que Fulvia perdiera la guerra, escapara de Roma, se embarcara en un viaje para encontrarse con Antonio y muriera en el intento—que Antonio regresaría a Roma. A su regreso, hizo las paces con Octavio y ambos dividieron el imperio en dos mitades. Los territorios al oeste del mar Ionio le pertenecían a Octavio; los del este pasarían al poder de Antonio. Lépido ya no era su igual, pero le permitieron retener África. Antonio se casó con Octavia. Sin embargo, en el año 37 a.C., regresó a Egipto y se casó con su verdadero amor, ignorando por completo la existencia de su esposa romana.

Antonio y Cleopatra tuvieron tres hijos. Ella también había tenido un hijo con Julio César, a quien Octavio veía como una seria amenaza por ser un heredero legítimo al trono romano. En el año 34 a.C., Antonio le otorgó a sus hijos títulos increíbles y el control sobre Armenia, Cirenaica, Creta y Siria. Octavio estaba furioso con estas acciones y, como consecuencia, decidió tomar el Imperio romano para él solo.

La última ofensa que justificó las acciones de Octavio resultó de la visita de Octavia a su esposo en Atenas. Ella llevaba regalos, tesoros y ropa a las tropas de Antonio. De acuerdo con Plutarco, fue "tratada con desdén"[11]. Cuando regresó a Roma, los hombres de Antonio la echaron de su casa. Para Octavio, esta era una clara señal de que él y Antonio no volverían a ser aliados.

La Batalla de Accio y el Fin de Antonio y Cleopatra

En el año 31 a.C., Octavio luchó contra los ejércitos de Antonio y Cleopatra en las costas de Accio (al norte de Grecia). Antonio era un general competente, pero su ejército se había debilitado tras su campaña en Partia. Octavio, por otro lado, estaba preparado para esta batalla. Con la batalla perdida, Cleopatra y Antonio escaparon dejando al ejército a su suerte. Para los romanos en ambos bandos era claro que Marco Antonio estaba bajo el hechizo de Cleopatra. Bajo el punto de vista de todos ellos, él había perdido su integridad como soldado.

Cuando Octavio entró en Alexandría, en el año 30 a.C., numerosos soldados del ejército de Antonio y varios reyes vasallos de oriente cambiaron de bando y se unieron a su causa, dejando a Antonio solo. Al mismo tiempo, Cleopatra se había encerrado en su tumba y sus mensajeros le dijeron a Antonio que estaba muerta. Antonio trató de suicidarse, pero no lo logró. Quedó vivo, pero herido de muerte. En sus últimos momentos, se enteró de que Cleopatra vivía y fue llevado hasta ella, muriendo en sus brazos.

Mientras, Octavio tomó control del palacio de Cleopatra. Planeaba capturar a la reina y arrastrarla por las calles de Roma. Pero los romanos no encontraron la forma de entrar a su tumba. Cleopatra negoció con Octavio a través de la puerta cerrada, pidiendo que su reino fuera otorgado a sus hijos. Durante las negociaciones, los hombres de Octavio lograron entrar a la tumba utilizando escaleras. La reina de Egipto intentó suicidarse también, pero fue desarmada y capturada, al igual que sus hijos. Después del funeral de Antonio, Cleopatra hizo arreglos para recibir una canasta de higos con una serpiente venenosa dentro de esta. Tras su muerte, Octavio no tardó en encargarse de Cesarión, el hijo de Cleopatra y Julio César.

Desde este momento en adelante, Egipto y el resto del Imperio romano estaban en manos de Octavio.

Capítulo 2 – La Era de Augusto

El Princeps Augusto

Durante siglos, se ha debatido cuándo fue exactamente que empezó el Imperio romano. ¿Fue cuando se estableció el Segundo Triunvirato o después de la Batalla de Accio? ¿Fue Augusto (Octavio) el primer emperador o fue Julio César? El famoso historiador romano Seutonio[12] escribió sobre Los Doce Césares: Julio César y los primeros 11 emperadores de Roma, desde Augusto hasta Domitio. De hecho, Plutarco se refería a Octavio como César.[13]

De cualquier manera, Octavio se convirtió en emperador en el año 27 a.C., cambiando su nombre a Caesar Divi Filius Augustus—el santo (Augustus) hijo del dios (Divi Filius) César. Su cambio de nombre fue profundo. Octavio era parte del pasado. Augusto era venerado como sumo sacerdote (Potifex Maximus) y, a veces, hasta presentado como un guerrero heroico de origen semi-divino. Con su ascenso al poder, se inició una etapa en la historia romana conocida como el Principado, la cual duraría hasta la Crisis del Tercer Siglo en el año 284 AD.

La característica principal de esta fue el mandato de un solo emperador (princeps), pero también estuvo marcada por el intento de perpetuar la continuidad de la república romana. Esto jugó un papel importante en la opinión del pueblo. Ningún romano aceptaría la regresión a un Estado monárquico; un gobernante tampoco quería ser acusado de proclamarse Rey sabiendo que eso podía costarle la vida.

El hecho de que Augusto no aceptara el título de monarca o Rey era una precaución por su parte. Puede parecer paradójico puesto que él contaba con más poder que cualquier otro individuo en el imperio y contaba con monarcas y reyes a su servicio. Su título oficial era el de Princeps—primer ciudadano—, primero entre los iguales. Aunque dicho título era solo una máscara. El historiador romano, Tácito, escribió que Augusto "hizo a un lado su participación en el triunvirato y se hizo pasar por cónsul, proclamándose a favor de las autoridades tributarias con el fin de conseguir el apoyo del pueblo. A los soldados los compró con regalos; a las personas, con maíz; a todos, con la satisfacción de la paz y la tranquilidad. Así fue avanzando lentamente (intsurgere paulatim), atribuyéndose a sí mismo las funciones del Senado, magistrados y las leyes".[14] De hecho, no era raro que los senadores, quienes debían ser elegidos, vinieran siempre del mismo número limitado de familias aristócratas. Estos hombres mantuvieron todas las funciones importantes del gobierno y estaban de acuerdo con todas las acciones de Augusto.

Las provincias más cercanas a la capital eran gobernadas por un Senador. En cambio, aquellas en la periferia del imperio, como Britania, donde las legiones (formaciones militares compuestas de 10 cohortes de cinco o seis centinelas) estaban estacionadas y las guerras eran constantes, controladas por generales y ejércitos.

Augustus de Prima Porta.[15]

¿Cómo lo hizo?

Desde nuestro punto de vista, pareciera que Augusto (Octavio) no tuviera problemas para obtener todo el poder que pudo amasar. Pero esto no fue un asunto de suerte. Fue difícil hacer que su guerra contra Antonio fuera vista como un conflicto contra un enemigo lejano (Egipto y Cleopatra) en vez de una disputa entre miembros del triunvirato. También fue difícil mantener la imagen de la república y sacrificar algunos beneficios. Y fue aún más complicado mantener a un vasto ejército que nunca había estado acostumbrado a ser leal al mismo Estado. Pero de alguna manera, tuvo éxito en todo ello. Así, se convirtió en uno de los emperadores más poderosos que el mundo haya visto.

En su regreso a Roma, Octavio tuvo que tomar algunas decisiones complicadas. Para lograr la aceptación como una persona que respetaba las tradiciones e instituciones romanas, tuvo que renunciar a su control del ejército. Pero, si lo hubiese hecho realmente, esto hubiera significado una guerra civil. Además, ¿por qué renunciaría a todo el poder e influencia que había conseguido por sus propios méritos? Encontró la manera de mantener su poder al restaurar el Senado y darles el control sobre el ejército y la administración de la nación. Pero Octavio destituía a todo aquel senador que considerara no apto para el cargo, y creó una lista de criterios formales para aspirar al Senado. Todo esto lo hizo para asegurarse de que la institución estuviera bajo su control.

Augusto como Pontefix Maximus.[16]

Además, Octavio contaba con varios amigos poderosos y seguidores leales a los cuales podía recurrir. Por ejemplo, el caballero adinerado, Cayo Mecenas, no solo luchó junto a Octavio, sino que usó una buena parte de su fortuna para apoyar su carrera política. Como patrón de poetas y escritores, fue el único responsable de la creación de una joya literaria como la Eneida, en la cual se alaba la ascendencia de Octavio y su mandato. Otra persona importante en el círculo de Octavio era Marco Vipsiano Agripa. Agripa era un soldado muy capaz y un espléndido estratega militar que hizo posible todas las victorias de Octavio. Él se casó con la hija de Octavio, Julia. Mecenas y Agripa se encargaban conjuntamente de los asuntos importantes en Roma, pero Agripa también se hizo cargo del este y de la Galia.

Igual de importante en la vida de Octavio fue su segunda esposa, Livia. Lo interesante de esta relación es que ambos estaban casados cuando se conocieron, pero esto no los detuvo. Augusto se divorció de Escribonia, la madre de Julia, su única hija, en el año 39 a.C. Se casaría con Livia al año siguiente. Livia estaba casada con Tiberio Claudio Nerón, quien fuera rival político de Augusto y un aliado de Pompeyo antes de divorciarse y casarse con Augusto. La pareja no tuvo hijos. El princeps adoptó a los hijos de Livia (producto de su primer matrimonio), Tiberio y Druso. Posteriormente, nombraría a Tiberio como su sucesor.

El Legado de Augusto

La paradójica figura de Augusto, el poderoso César y el humilde princeps que restauró la República, es mejor ilustrada por una moneda, descubierta recientemente, que data del año 28 a.C. Un lado de la moneda muestra a un joven César Octavio con una corona de laurel y la inscripción "Emperador César, hijo del Divino, seis veces Cónsul". El otro lado de la moneda muestra a un Octavio sentado en el asiento del magistrado, vistiendo de civil. La inscripción en ese lado dice "él le devolvió las leyes y los derechos a los romanos".[17]

Augusto inició un proyecto de reconstrucción de Roma, además de una reforma social. Finalizó algunos proyectos que Julio César había dejado inconclusos, como el Templo de Venus Genetrix, la diosa reconocida como el ancestro divino de la familia *Iulii*, a la cual pertenecía César. Al mismo tiempo, desempeñaba su papel como defensor de la república. Además, Augusto se aseguró de que sus adversarios fueran considerados como enemigos de la República de Roma. Según él, Bruto y Craso "habían declarado guerra contra la República"; Sexto Pompeyo era un pirata; y Marco Antonio "era el líder de una facción de opresores de la República".[18] No debemos olvidar que el término "Imperio romano" es una invención moderna. El nombre oficial del Estado todavía era SPQR, y las instituciones de la república se mantuvieron vigentes hasta la era de Domiciano, aunque bajo la sombra del emperador.

Estacionó a su ejército a los bordes de Roma. Su campaña de expansión tenía la intención de hacer de Roma un lugar más seguro, eliminando el miedo a los bárbaros y asegurando la paz agustina. Hubo algunos contratiempos, como la revuelta en Panonio (durante los años 6 y 9 d.C.) y la avanzada de las tropas invasoras germánicas. El proyecto de expansión de detuvo por un tiempo. Sin embargo, las tropas nunca pararon de defender la "fortaleza romana"[19] de manera eficiente, asegurando la paz y prosperidad de la ciudad.

El ejército era leal tanto a Roma como a Augusto. La República pagaba sus salarios, pero recibían otros beneficios por parte de la familia imperial. En el año 6 d.C., Augusto creó la tesorería del ejército y donó 170 millones de sestercios a la misma. Esto era una cantidad considerable para aquella época. Este César, al igual que su predecesor, sabía qué hacer para mantener a los romanos (y a los soldados) felices.

La Era Dorada de la Literatura en Latín

Las estatuas y monedas no eran suficientes para Augusto. Él quería que su imagen perdurara en el tiempo y era consciente del poder de las letras para este fin. Así que se convirtió en el patrón de muchos poetas romanos reconocidos, como Horacio, Virgilio y Propecio. Otro autor a quien Augusto favoreció durante su reinado fue el historiador romano Tito Livio.

La Era de Augusto fue uno de los períodos de mayor desarrollo literario, no solo para la literatura en latín, sino para toda la literatura en general. Las Metamorfosis de Ovidio y La Eneida de Virgilio son considerados como clásicos literarios. Estos trabajos pueden ser clasificados como literatura con el objetivo de promover la imagen del gobernante, pero sería un error subestimar el valor de estas obras. No son propaganda política. Su profundidad, poder, estilo y forma sofisticada son de gran valor literario hoy en día.

En estas obras se resalta la paz y prosperidad del pueblo, un rasgo común de la era de Augusto. Los temas comunes son el amor, la naturaleza y el patriotismo. Los poemas están llenos de sorpresas—a pesar de sus temas comunes. Las Metamorfosis, por ejemplo, contiene alrededor de 200 historias mitológicas fascinantes—y, a veces, aterradoras. Estas siguen un orden cronológico desde la creación del mundo hasta la Era de Augusto.

Tereo, Procne, y las Erinias – un grabado para la edición de Las Metamorfosis del siglo XVI. Tereo es el esposo de Procne, pero se enamora de su hermana, Filomena, a la cual viola, cortando su lengua para que no pudiera hablar de ello. Procne se entera del suceso al leer las señales en el tapiz tejido por su hermana. Enfurecida, Procne cobra venganza de forma espantosa; mata al único hijo de Tereo, Itis, y lo prepara para la cena. Tereo disfruta de esta comida y, al finalizar, su esposa le muestra la cabeza de su hijo. Al final, todos se convierten en pájaros. [20]

La Eneida es un poema épico de la misma época cuya fama equipara a Las Metamorfosis. En ella, Virgilio sigue la tradición homérica—con la misma genialidad—y muestra su visión del relato de la Guerra de Troya y sus consecuencias, pero desde el punto de vista de los troyanos y siguiendo la travesía del héroe Eneas. Virgilio pasó 12 años escribiendo esta obra y, decepcionado con el resultado, casi la quema. Por orden del mismísimo César Augusto, el manuscrito fue salvado de las llamas. Las razones de esta acción van más allá del amor del emperador por la poesía. La Eneida cuenta la historia de cómo el príncipe troyano Eneas llegó hasta Italia y unió a su gente con los nativos, creando las bases sobre la cual nacería la ciudad de Roma. De acuerdo con el mito que todos los romanos conocían, el hijo de Eneas, Ascanio o *Iulius*—un ancestro de Julio César—fundó la ciudad de Alba Longa. Además, este mito provee un detalle importante: Eneas era descendiente de la diosa Venus y, por lo tanto, también lo eran sus hijos y todos los Césares. Rápidamente, la Eneida se convirtió en el poema nacional de Roma y en una ratificación del gobierno de Augusto tras el largo período de guerras civiles.

Capítulo 3 – La Dinastía Julio-Claudia después de Augusto: Desde Tiberio hasta Nerón

En el siglo I d.C., Roma era un Estado republicano y monárquico al mismo tiempo. Bajo la supervisión de Augusto, las instituciones crecían rápido y operaban de una forma parecida a la democracia[21] de nuestros tiempos. Sobre otro aspecto—el de la monarquía—, Augusto quería que el poder se transfiriera de manera hereditaria, con el fin de mantenerlo en la dinastía a la cual él y Julio César pertenecían. Nada fue tan difícil para este Emperador como conseguir un sucesor. Primero, no tenía hijos varones. Segundo, todos los herederos que había nombrado, habían muerto antes que él.

Su primera elección, Agripa, su amigo leal, era diestro en los asuntos de guerra y la administración pública, con años de experiencia como gobernador de varias provincias. Esta fue la razón por la que Augusto casó a su hija con él, para convertirlo en su familiar. Agripa pudo haber sido un gran emperador de no haber sido por su muerte durante una campaña en las regiones al norte del Danubio. Pero no todo estaba perdido. Agripa tuvo dos hijos con Julia, Cayo y Lucio. Estos niños eran nietos de Augusto y sus herederos legítimos. Desafortunadamente, ambos murieron jóvenes a causa de una enfermedad. Augusto no tuvo más opción que nombrar a sus hijos adoptivos, Druso y Tiberio, como sus sucesores—los nombró a ambos en caso de que alguno muriera. Era necesario mantener abiertas ambas posibilidades porque ambos comandaban ejércitos, hacían campañas militares y podían ser asesinados en cualquier momento. Su hijo, Druso, por ejemplo, murió al regresar de una campaña militar al caerse de su caballo.

Otro heredero potencial digno de mención era Germánico, otro miembro de la dinastía Claudia (los miembros de esta—*Claudii*— eran los descendientes de Tiberio Claudio Nerón—no el Emperador Nerón, pero un magistrado romano en el año 42 a.C., el padre de Tiberio y Druso). Este fue adoptado por los *Iulii*. Su padre fue Druso y su madre era hija de Marco Antonio y Octavia. Germánico era un hombre de muchas virtudes, un renombrado general romano y el equivalente romano a Alejandro Magno. [22] Augusto estaba más que dispuesto a convertirlo en su sucesor, pero Livia—su esposa— apoyaba a Tiberio. Influenciado por su esposa, Augusto convirtió a Tiberio en su heredero con la condición de que este adoptara a Germánico y lo nombrara su heredero.

"El Gran Camafeo de Francia" – Obra de arte romana del siglo I d.C. que muestra en relieve a varios miembros de la dinastía Julio-Claudia.[23]

La dinastía de Augusto fue llamada Julio-Claudia porque los emperadores que le siguieron eran descendientes suyos y del ex esposo de Livia, Tiberio Claudio Nerón. El primero de ellos, Tiberio, nació en el seno de los *Claudii* (llamados así por el epónimo Claudio), pero fue adoptado por los *Iulii* mientras el resto de ellos nació en esta última familia. Eran descendientes de la hija de Julio César, Julia; no de Augusto o su hija.

El Emperador Melancólico y su Amor Prohibido: Tiberio

La situación de Tiberio era compleja: no era querido por Augusto y tampoco había sido su primera opción como heredero. En su primera reunión con el Senado, tras la muerte de Augusto, rechazó el hecho de lo que había "sucedido a su padre". Los senadores tuvieron que esforzarse para que el nuevo regente aceptara su supremacía.[24] Tiberio no tuvo otra opción que hacerlo y fue un buen emperador durante un tiempo.

Muchos años antes de la muerte de Augusto la reputación de Tiberio como militar era intachable. Retomó partes de varias provincias romanas después de muchos desastres y probó su valor como un gran líder. Ahora, convertido en Emperador (año 14 d.C.), mantuvo a Roma en el mismo curso establecido por Augusto. Sus prioridades seguían siendo las mismas: la reconstrucción del imperio y la protección de sus fronteras. No tenía intención de conquistar más territorios, pero lo hizo de todas formas. En el año 17 d.C., Germánico, su sobrino e hijo adoptivo, conquistó Germania.

La carrera política de Tiberio fue tan brillante como la militar. Aprovechaba las ventajas de cualquier evento grande ocurrido dentro de la esfera de influencia romana. Cuando los reyes de Comagene y Capadocia (que eran "reyes clientes" bajo la protección de Roma) murieron, Tiberio incorporó ambos reinos como provincias del imperio. Demostró el poderío romano al construir caminos y edificaciones. Tiberio también extendió la ayuda del imperio a varias ciudades asiáticas después de que un terremoto las devastara. Hizo que las personas recordaran su generosidad al enviar a estos territorios monedas que conmemoraban este evento.

La economía y finanzas romanas tuvieron otro enfoque bajo el reinado de Tiberio. Era un emperador de pocos gastos. A pesar de enviar dinero a las provincias, reducir los impuestos, sacar a las personas de la miseria, le ahorró mucho dinero a Roma. Aunque esto le costó popularidad porque dejó de gastar dinero en entretenimiento para las masas.

A la larga, Tiberio perdió todo interés en ser emperador y se retiró del poder. Al retirarse, delegó sus funciones en Sejano, el prefecto de la Guardia Pretoriana, en vez del Senado. Eso no terminó bien. Sejano era muy ambicioso. Al llegar al poder, ya había envenenado a Germánico y hasta había sido responsable de la muerte de Druso, el hijo de Tiberio. Tiberio se vengó de manera espectacular, pero sus últimos años como emperador estuvieron marcados por la paranoia y el asesinato de muchos inocentes (incluyendo a dos hijos de Germánico) por miedo a que fueran traidores.

Podría parecer que Tiberio nunca se sintiera a gusto al convertirse en heredero del César. En realidad, se le puede considerar una víctima del despotismo de Augusto. Augusto tenía el mal hábito de planear asuntos de la vida privada de las personas cercanas para que sus intereses estuvieran alineados con sus ambiciones políticas. Sabemos que Augusto demandó el divorcio de los padres de Tiberio para casarse con su madre, Livia. También que Tiberio se vio forzado a adoptar a Germánico. Pero ahora que Tiberio era parte de la familia, fue obligado a divorciarse de su joven esposa Vipsania Agripina (una hija de Agripa de un matrimonio anterior), con quien había sido feliz durante 8 años. La pareja tuvo un hijo, Druso el Joven. De acuerdo con Seutonio[25], Vipsania estaba embarazada cuando el divorcio tuvo lugar, pero el niño no sobrevivió. Tiberio ahora estaba casado con Julia, la hija de Octavio. Este matrimonio fue un desastre, según varias fuentes, porque Julia era promiscua y tenía la costumbre de escaparse por las noches. Seutonio declara que Tiberio nunca dejó de amar a su primera esposa y estuvo arrepentido del divorcio durante toda su vida. En una ocasión, al encontrársela en un sitio público, Tiberio la siguió llorando e implorando su perdón. Esto fue un acto escandaloso. Basta decir que Augusto tomó medidas para que ellos dos no volvieran a verse jamás.

Vipsania Agripina, la primera esposa de Tiberio[26]

Vipsania se casaría nuevamente al pasar los años con Cayo Asinio Galo, dando a luz a seis hijos. Pero moriría en el año 20 d.C. Diez años después, durante su período de paranoia y abuso del poder, el Emperador Tiberio convirtió a este hombre, Galo, en enemigo público. Este hombre desafortunado murió en prisión.

La muerte de Tiberio fue espantosa, pero a nadie pareció importarle. Se presume que fue envenenado y sofocado en su cama posteriormente. El hombre que tramó este plan de asesinato fue el tercer hijo de Germánico, Calígula.

Un Aspirante a Dios: Calígula

Al principio, se creía que Calígula (su nombre real era Cayo, pero es recordado por su sobrenombre) era un hombre virtuoso como su padre, Germánico. Pero la verdad es que fueron personas diametralmente opuestas. Esto no fue evidente desde el inicio. Al ascender al poder, Calígula deshizo varias de las decisiones que le había costado su popularidad a Tiberio: permitió que los desterrados volvieran a sus hogares y trajo de vuelta el entretenimiento público. Realizó otras buenas acciones—reinstauró las elecciones, redujo los impuestos, terminó la construcción de varios edificios—pero esto no fue una tarea difícil. Tiberio ya había ahorrado mucho dinero en la tesorería, más que ningún otro de sus antecesores.

Sin embargo, Calígula no tenía experiencia política ni reputación militar. Llegó al poder en el año 37 d.C., y se gastó todo el dinero de la tesorería en un año. Eventualmente, se convirtió en un tirano, se autoproclamó un dios e instauró un culto a su persona. Muchos senadores fueron asesinados; las políticas extranjeras arruinadas; y se iniciaron muchas rebeliones en varias provincias (principalmente en Mauritania y Judea). Calígula ordenó los asesinatos de su madre, abuela y varios primos; además, tuvo relaciones incestuosas con sus hermanas. Una moneda acuñada durante su mandato muestra a Calígula en el anverso y a sus hermanas en el reverso.

A la izquierda: Cayo (Calígula); a la derecha: sus tres hermanas: Agripina (como Seguridad), Drusila (como Paz) y Julia (como Fortuna).[27]

Este emperador despreciaba a los romanos. El sentimiento era recíproco. En el año 41 d.C., fue acuchillado durante un evento público.

Un Emperador Sorpresivo: Claudio

No estaba entre los planes de Calígula tener un heredero. El emperador mandaba asesinar a cualquier persona que pudiera tener una oportunidad de sucederlo. El único pariente varón que se salvó de esta inquisición fue su tío, Claudio, que nunca le pareció una amenaza. Claudio tenía varias discapacidades—cojeaba, tartamudeaba y solía babearse—y era visto como el "retrasado" de la familia. Esto lo mantuvo lejos de la oficina pública y el ejército, pero, dadas las circunstancias, sus desventajas lo salvaron de un destino siniestro.

El Senado había visto en el deceso de Calígula la oportunidad de acabar con el Principado y restaurar la República. Pero los generales de la Guardia Pretoriana tenían más poder y otras ideas. Encontraron a Claudio (de 50 años en aquel entonces) asustado y escondido detrás de una cortina. Le preguntaron si quería ser el emperador y este respondió que sí.

Una pintura de 1871 mostrando cómo se ocultaba Claudio.[28]

Claudio, a diferencia de lo que todos pensaban, era extremadamente inteligente y bien educado—gracias a Augusto. Como historiador, estaba al tanto de la situación y sabía que debía mantener al ejército de su lado. Recompensó generosamente a la Guardia Pretoriana, y estos se mantuvieron leales a él.

El Emperador Claudio.[29]

Claudio sabía que debía ganar reputación como líder y conquistador, así que se ocupó de aplacar (eficientemente) los conflictos en Mauritania y Judea. En el año 43 d.C., incorporó Britana a las provincias del imperio.

En Roma, Claudio dio permiso a los líderes Galos para unirse al Senado, dándole más libertades a esta institución—y más poder. Los senadores contaban ahora con la posibilidad de expresarse en contra de las decisiones imperiales si estas les parecían equivocadas. Además, se aumentaron los suministros de grano al construir un gran puerto en la ciudad de Ostia. Los ciudadanos de Roma continuaron disfrutando de beneficios – ayudas materiales y privilegios para establecer nuevos entretenimientos públicos – respaldados por el emperador.

Pero este emperador no era perfecto. Su carácter era impredecible y su afición a los juegos y las peleas de gladiadores muy grande. Seutonio escribió que, al contrario de otros emperadores al finalizar una pelea, Claudio solía levantarse, felicitar a los luchadores, y actuar como el resto del público.[30]

Además, de acuerdo con el Senado, sus esposas gozaban de mucho poder. Su tercera y cuarta esposa, Mesalina y Agripina, alimentaron los miedos a la conspiración de Claudio y fueron responsables de la muerte de muchos senadores y caballeros. Mesalina, la madre del hijo de Claudio, Británico, fue ejecutada por bigamia en el año 48 d.C. Agripina era la hermana de Calígula y la madre de Lucio (mejor conocido como Nerón). Lucio era un hijo producto de un matrimonio anterior. Agripina deseaba que su hijo se convirtiera en emperador, así que se deshizo de su esposo y Británico en el año 54 d.C., cuando Nerón contaba con apenas 17 años de edad.

Las Grandes Aspiraciones de una Madre y un Fracaso Épico: Nerón

Algunos historiadores describen a Nerón como unególatra tan odiado por los romanos que estos celebraron su muerte. [31] Otros dicen que Nerón era generoso y el pueblo era leal a él, pero que no era apoyado por los Senadores y la élite.[32] Comencemos desde el principio.

Siendo el hijo de Agripina, la hermana de Calígula, y el hijo adoptivo de Claudio, Nerón fue el último emperador de la dinastía Julio-Claudia—y el más joven de todos ellos. Tenía tan solo 17 años cuando se convirtió en emperador bajo el consentimiento de su madre y la Guardia Pretoriana. A esa edad, sus intereses estaban inclinados hacia el arte, la pintura, la música, los deportes y su popularidad. Por otro lado, su madre estaba interesada en gobernar el Imperio romano a través de su hijo adolescente. Entre las personalidades que influenciaron la visión y la toma de decisiones de este emperador figuran: su tutor, Séneca, el más famoso de los filósofos estoicos, y el prefecto de la Guardia Pretoriana, Sexto

Afranio Burro. Durante los primeros años, la burocracia continuó operando de la misma manera que lo hizo en el gobierno de Claudio. Nerón dilapidaba el dinero en construcciones y ayudas para los pobres, pero aumentó los impuestos. Aunque no lo hizo de forma voluntaria, la decisión causó un gran descontento. El Imperio se expandió un poco cuando uno de los generales conquistó Armenia. Pero muy pronto todo empezó a cambiar y a girar fuera de control. Hubo revueltas en Britania y otras provincias. Estos conflictos se esparcieron como la plaga y eran un reflejo de la incompetencia de Nerón y su arrogancia. Este emperador nunca entendió cómo gobernar y la mayor parte del tiempo no le interesaba hacerlo.

Nerón, Anticuario del Palatino.[33]

Sin embargo, Nerón decidió que no necesitaba de la supervisión de su madre. Su interferencia era más que molesta. Agripina estaba obsesionada con el poder hasta tal punto que veía todo interés de su hijo—incluyendo cualquier señal de integridad e independencia— como una amenaza. Ella no estaba contenta con que él fuera un artista, pero las hostilidades comenzaron cuando se enteró de que su hijo había tenido un romance con una esclava. Frustrada, se alió con la esposa de Nerón, Octavia, y buscó controlar aún más la vida de su hijo desde el hogar. Nerón no pudo soportarla más y la expulsó de su casa. Pero esto no se había acabado. Nerón decidió deshacerse de su esposa, Octavia, y vivir con su amante, Popea. Agripina hizo todo lo que estuvo a su alcance por separar a los amantes. Séneca llegó a decir que Agripina había planeado el asesinato de su hijo para evitar los rumores y la mala publicidad, pero fue ella quien, al igual que Octavia, terminaron asesinadas.

El incidente más grande durante el reinado de Nerón fue el Gran Incendio de Roma (en el año 64 d.C.). Este fue una catástrofe. Una gran área de la ciudad fue destruida por las llamas, incluyendo catorce distritos romanos con muchas casas y edificios públicos, como Aventino sobre el Circo Máximo, y Palatino.[34] Todos los historiadores antiguos[35], menos Tácito, quien no estaba seguro[35], culparon a Nerón por el incendio. Varias fuentes de la época dicen que él cantaba, bailaba y tocaba el violín. Parecía que necesitaba espacio suficiente para construir esa Domus Aurea, o Casa Dorada, con una gigantesca estatua suya al frente—un colosal Nerón de 30 metros de altura. Así que es posible que hubiera iniciado el incendio; también pudo haber sido un evento fortuito. No obstante, el incendio fue una realidad. Además, fue una oportunidad para el emperador de demostrar su generosidad, lo cual hizo, organizando reparaciones y distribuyendo caridad.

El reverso de la moneda muestra a Nerón ayudando a los desafortunados ciudadanos de Roma.[37]

Para desmentir los rumores sobre su supuesta participación en el incendio, Nerón culpó a los cristianos, quienes fueron perseguidos sin piedad. Lo mismo ocurrió con todos aquellos de quienes se pudiera sospechar que fueran parte de una conspiración contra Nerón. La crítica al gobierno estaba prohibida. Generales y hasta filósofos benevolentes fueron ejecutados, excepto Séneca, a quien se le ordenó quitarse la vida él mismo.

Tras haber acabado con cualquier amenaza a su reinado, Nerón viajó a Grecia durante los años 67 y 68 d.C. La nación griega había sido decretada como un país libre por el emperador. Allí, Nerón ganó las Olimpiadas a pesar de haberse caído de su carreta. Al emperador no solo se le concedió la victoria en cualquier competición, sino que todos estaban en la obligación de escuchar sus interpretaciones musicales y a ninguna persona se le permitía abandonar el teatro durante su acto. Al mismo tiempo, los barcos que cargaban grano hasta Roma fueron desviados a Grecia, causando hambruna en la capital del imperio.

Nerón no estuvo al tanto de todos los actos de conspiración y esto acabó siendo su final. También había causado rebeliones al ordenar el asesinato de varios hombres poderosos. Otros, incluyendo sus leales seguidores—si la lealtad tenía algún beneficio—decidieron acabar con él. Los soldados detestaban a Nerón porque este tenía muchas deudas con el ejército. Estaban hartos, cansados y a un paso de causar un motín. Muchas rebeliones comenzaron en las provincias. Eventualmente, la Guardia Pretoriana unió fuerzas con uno de los generales rebeldes. Después de que el Senado declarara a Nerón como enemigo de Roma, este se dio cuenta de que estaba perdido y entró en pánico. Las únicas personas que todavía eran leales al emperador eran algunos sirvientes, cuya ayuda utilizó para lograr quitarse la vida por sus propios medios. A uno de ellos le pidió que le enseñara cómo hacerlo y el otro asumió la tarea de ayudarlo a llevar a cabo el suicidio. Murió el 9 de junio del año 68 d.C. Sus últimas palabras fueron "¡Muere un gran artista!" ("Qualis artifex pereo!")[38].

Capítulo 4 – La Guerra Civil y el Año de los Cuatro Emperadores (68 -69 d.C.)

Nerón no tuvo ningún descendiente. Además, ya no existían miembros de la dinastía Julio-Claudia para asumir el mandato de Roma. Pero no faltaban los pretendientes al cargo de emperador y, con esta dinastía fuera de la competencia, era evidente que el cargo podía recaer en cualquier familia con poder y estatus dentro del Imperio. Por primera vez desde la muerte de Marco Antonio (en el año 30 a.C.), estalló una guerra civil. En un solo año, cuatro emperadores llegaron al poder—Galba, Oto, Vitelio—y todos cayeron. El cuarto, Vespasiano, duró una década en el trono, fundando la dinastía Flavia.

Galba

Cuando el gobernador de la Galia Lugdunesis, Cayo Julio Vindex, se rebeló contra Nerón a comienzos del año 68 d.C., su objetivo, y el de otros opositores de la administración imperial, era reemplazar al emperador por alguien respetable y transparente como Servio Sulpicio Galba. A sus 71 años, Galba desempeñaba el cargo de gobernador de Hispania. Después del suicidio de Nerón, los líderes de la oposición, la Guardia Pretoriana y el Senado reconocieron a Galba como el sucesor de Nerón.

A muchos líderes ambiciosos les gustaba la idea de tener un emperador viejo y enfermo. Era obvio que Galba no duraría mucho en el poder. Esto le daría la oportunidad a cualquier persona de escalar los rangos del imperio (como Ninfidio Sabino, prefecto de la Guardia Pretoriana, que fue uno de los primeros en respaldar la elección de Galba como emperador).

Pero a Galba no le interesaban las intenciones de otros y pronto demostró su desconsideración en contra de quienes lo pusieron en la cima. Primero, eliminó a todos aquellos que no reconocieron su mandato y devastó sus ciudades. Luego, ejecutó a muchos senadores y líderes de tropas. También, les negó los pagos prometidos a los soldados. Casi todos, con la excepción de algunos soldados sin experiencia que fueron ascendidos de rango, estaban furiosos con este tema. Oto, uno de sus partidarios al principio, se sintió ofendido por estas acciones. Oto esperaba que Galba lo adoptara y lo nombrara su heredero, pero cuando esto no ocurrió él decidió tomar cartas en el asunto.

Oto

Oto solía ser un amigo cercano de Nerón, eso fue hasta que el antiguo emperador sedujo, se casó y, eventualmente, golpeó hasta matar a su antigua esposa, Popea. Él conocía el funcionamiento de las altas esferas romanas y, al considerar que nunca sería nombrado heredero al trono, tuvo una idea. Oto compró—con una enorme suma—el apoyo de la Guardia Pretoriana. Al no tener ya seguidores, Galba fue asesinado de forma casi instantánea.

El 15 de enero del año 69 d.C., Oto fue declarado emperador. El Senado dio su consentimiento. A pesar de su ambición y egoísmo, Oto nunca demostró ningún signo de brutalidad despiadada como sus predecesores. Como se esperaba de él, Oto trató de recuperar la estabilidad, paz y progreso. Pero su reinado no duró demasiado. Duró tres meses escasos, terminando en una derrota militar y su suicidio.

Vitelio

Las legiones de Germania Inferior se negaron a ser leales a Galba después de que este no les pagara lo prometido. El 1 de enero del año 69 d.C., dos semanas antes de que Oto obtuviera la aprobación del Senado, las legiones aclamaron a Vitelio, el gobernador de Germania Inferior, como su emperador.

Vitelio no era un gran líder militar, pero sus legiones eran las mejores de Roma y contaba con los veteranos de las Guerras Germánicas en sus filas. Atacó y aplastó a Oto en la Batalla de Bedriacum. El daño causado a las tropas de Oto y su reputación fue tan severo que este tomó la decisión de suicidarse antes de tener que enfrentarse a Vitelio nuevamente. Después de esto, Vitelio se convirtió en emperador, pero no en uno muy bueno. Seutonio declara que este emperador gastaba dinero en desfiles y tres banquetes diarios.[39] No obstante, el imperio estaba casi en bancarrota y él necesitaba recaudar fondos. Como había sido nombrado heredero por varias personas, su plan era asesinarlas—y a cualquier otro heredero a parte de él—para obtener la herencia. Además, también ejecutó a todas las personas que le cobraban sus deudas.

Rápidamente, perdió el apoyo de los hombres que lo llevaron al poder. Despidió a casi toda la Guardia Pretoriana y gobernaba prácticamente por su cuenta. Lo que no sabía era que sus días de crueldad e incompetencia estaban contados.

Vespasiano

Vespasiano contaba con numerosas legiones gracias a que Nerón le había dado control sobre Judea y se había encargado de aplacar la Gran Revuelta Judía en el año 67 d.C. Vespasiano y su hijo, Tito, eran grandes soldados y las legiones bajo su comando eran leales a ambos. Además de sus tropas, este futuro emperador contaba con el apoyo de Cayo Licinio Muciano, gobernador de Siria. Juntos, esperaron el momento adecuado para entrar a Roma, contando con el apoyo de otras provincias. En octubre del año 69 d.C., se libró la Segunda Batalla de Bedriacum. Las legiones del Danubio, bajo las órdenes de Marco Antonio Primo, que también aclamaban a Vespasiano como emperador, invadieron Italia y devastaron las fuerzas de Vitelio. El 21 de diciembre del año 69 d.C., el Senado reconoció lo evidente. Vespasiano se convirtió en el nuevo emperador de Roma.

Capítulo 5 – La Dinastía Flavia

La dinastía Flavia fue una muy peculiar. En primer lugar, consistió en tan solo un hombre y sus hijos. Tito y Domiciano, los hijos de Tito Flavio Vespasiano, no tuvieron herederos, así que la dinastía que había comenzado con su padre terminó con ellos. Otro aspecto inusual era que Vespasiano no pertenecía a la aristocracia, sino a la caballería. Esto hubiese sido algo inaceptable en siglos anteriores, pero todo era posible en el Año de los Cuatro Emperadores.

César y Augusto dejaron de ser nombres de familia después de Galba; ahora eran títulos. Los Emperadores de Roma llevaban el título de "Augusto" y sus herederos el de "César". Cuando Vespasiano ascendió al poder, Tito y Domiciano fueron nombrados César.

El Primer Flavio: Vespasiano

Los padres de Vespasiano pertenecían al estatus social de la caballería—su padre era banquero y colector de impuestos—, pero él y su hermano, Sabino, lograron escalar la pirámide social hasta el estatus de Senador. Vespasiano ocupaba varios cargos en la oficina pública y fue Cónsul para el año 51 d.C. Lo que lo diferenciaba de otros que ocupaban cargos similares era la efectividad como líder militar. Él había sido el comandante de las legiones romanas que invadieron Britania en el año 43 d.C. También se había encargado de subyugar la rebelión judía y retomar el control de la provincia de Judea en el año 66 d.C. Estos fueron sus triunfos más grandes como militar.

Vespasiano estuvo estacionado en Judea hasta el año 69 d.C., cuando obtuvo el apoyo suficiente de otros gobernadores que tenían un objetivo común: deshacerse de Vitelio. Con este apoyo, puso fin a un año de guerra civil en Roma derrotando a Vitelio. Al convertirse en emperador, se centró en restablecer la prosperidad del imperio. Ni el poder ni la pompa eran de su interés. Vespasiano reorganizó varias instituciones, como la encargada de la censura. Transformó el Senado deshaciéndose de los Senadores incompetentes y permitiendo que los miembros de la caballería pudieran aspirar a estos cargos. Finalmente, hizo que el ejército se mantuviera leal a él sin necesidad de sobornos.

El imperio se encontraba al borde de la bancarrota debido a años de gobiernos ineficientes. Vespasiano tuvo que adoptar medidas drásticas para solucionar este problema. Está de más decir que dichas medidas—aumentar los impuestos y el cobro de nuevos impuestos—no fueron populares. También, recuperó las tierras que habían sido entregadas a los amigos de emperadores anteriores y revocó la libertad que Nerón le había otorgado a Grecia. Además, parecía que Vespasiano estaba dispuesto a hacer muchas cosas por dinero, como, por ejemplo, vender cargos públicos. Esto le hizo ganar enemigos y ser el objetivo de conspiraciones en su contra, pero, en líneas generales, es recordado positivamente. Su legado incluye varios proyectos de construcción pública, como el Coliseo. Vespasiano promovió el crecimiento y la prosperidad al permitir que cualquier persona construyera en los espacios devastados por el Gran Incendio.

Según los presagios, Vespasiano estaba destinado a convertirse en Emperador de Roma y ser sucedido por sus hijos. Al morir en el año 79 d.C., nadie tuvo dudas de quién sería el próximo emperador.

Benévolo pero Desafortunado: Tito

Seutonio y otros historiadores de su época se refieren a Tito como el gobernante ideal y un emperador ejemplar; no obstante, esto se debe a la dependencia económica de estos hombres—Tito era su patrón. Este emperador fue un hombre de contradicciones. Su corta carrera política y militar, al igual que su corto reinado, es recordada por su triunfo en Judea, la destrucción del Segundo Templo de Jerusalén (la cual fue celebrada por los romanos y catalogada como un acto vil por los judíos), algunos escándalos (los cuales acabaron cuando llegó al poder) y los desastres naturales que tuvieron lugar en el imperio durante sus años como emperador.

Cuando Vespasiano regresó a Roma para convertirse en emperador, la rebelión judía continuaba. Tito quedó encargado de acabar con la insurgencia y lo hizo, destruyendo la ciudad de Jerusalén y capturando a muchos judíos como esclavos. El Arco de Tito y el Gran Coliseo fueron construidos utilizando los fondos tomados del templo de Jesusalén.

El Anfiteatro Flaviano (Coliseo)[40] – Su construcción se inició durante el reinado de Vespasiano y fue culminada en el de Tito.

Cuando Tito regresó a Roma, Vespasiano le otorgó varios títulos. El futuro emperador fue nombrado co-cónsul de su padre, tribuno y prefecto de la Guardia Pretoriana. Gozaba de una gran popularidad y era considerado como el heredero perfecto. Su hermano menor, Domiciano, fue relegado a un segundo plano.

En *La Vida de Tito*, Seutonio relata que los romanos temían que Tito se convirtiera en otro Nerón, pero Tito demostró lo contrario convirtiéndose en un emperador efectivo. Los romanos se dieron cuenta de las virtudes de este hombre, y lo amaron y alabaron.[41]

El Emperador Tito.[42]

El reinado de Tito contó con algunas buenas acciones. Durante años, el Imperio romano estuvo plagado por una red de *delatores*, cuyo trabajo, en esencia, era espiar a las personas y acusarlas de traición. Tito acabó con todos los juicios por el cargo de traición; luego, humilló públicamente a los delatores y los expulsó de Roma. Al contrario que otros emperadores, Tito no asesinó a los Senadores que no eran de su agrado, ni confiscó las tierras de nadie. Los primeros meses de su reinado fueron muy buenos, pero luego ocurrió una catástrofe que nadie esperaba.

El 24 de agosto del año 79, el Monte Vesubio entró en erupción, destruyendo varias ciudades alrededor de Nápoles. Pompeya y Herculano fueron devoradas por la lava y las rocas. Miles de familias murieron de forma instantánea al ser sepultadas bajo la erupción. Las personas de las ciudades adyacentes perdieron sus casas, tierras y todo lo que tenían. Tito ayudó a las víctimas de este evento con donaciones de insumos y fondos de la tesorería imperial. En la primavera del año siguiente, cuando Tito se encontraba en Pompeya, se produjo un incendio que duró tres días. Este destruyó grandes partes de Roma. Y por si fuera poco, también se desató una epidemia. De nuevo, todos los esfuerzos de Tito se centraron en ayudar a las víctimas y encontrar una cura para la enfermedad. El recuerdo de la generosidad del emperador ha permanecido a través del tiempo, aun cuando este enfermó y murió en septiembre del año 81 d.C. Jamás se sabrá si fue envenenado. La gente guardó luto por él, y su hermano, Domiciano, proclamó a Tito un dios.

El Oportunista y Emperador Competente: Domiciano

Domiciano—el último de la Dinastía Flavia en reinar Roma—era el hijo menor de Vespasiano y hermano de Tito. Ahora era su turno de ser emperador. Durante su reinado, su estilo autocrático le trajo problemas con el Senado, cuya influencia no tardó en reducir.

Domiciano.[43]

Durante los reinados de Vespasiano y Tito, el papel de Domiciano era solo ceremonial. Ahora que ambos habían muerto, la Guardia Pretoriana declaró a Domiciano Emperador.

Su reinado duró 15 años. Durante su administración, Domiciano consiguió revaluar la moneda romana tras un largo período de deflación. Se incrementaron las defensas en las fronteras del imperio y se comenzó un plan de reconstrucción masiva en la ciudad de Roma.

Domiciano aspiraba a convertirse en el nuevo Augusto y, por esa razón, su autoridad era absoluta. Las propagandas culturales, religiosas y militares lo mostraban como un déspota ilustrado cuya misión era guiar a Roma hacia una nueva era de prosperidad. El pueblo y el ejército lo admiraban, pero los miembros del Senado lo veían como a un tirano y lo despreciaban. Los historiadores que alabaron a su padre y hermano—Tácito, Seutonio y Plinio el Joven—se referían a Domiciano como un autócrata despiadado y paranoico. Pero esta información debe ser juzgada con cautela. Esos historiadores estaban asalariados por la élite del Senado, que eran los principales oponentes del emperador, y sus opiniones eran, por lo tanto, parciales y no del todo objetivas.

Siglos después, varios historiadores llegarían a la conclusión de que, a pesar de su crueldad, Domiciano fue un emperador eficiente que logró la prosperidad, paz y estabilidad necesarias para la continuidad del imperio.[44] Puede que Domiciano haya desterrado a algunas personas importantes, como la mayoría de sus predecesores (con la excepción de Tito), pero también estuvo en contra de la expansión agresiva y negociaba la paz siempre que le era posible. Detuvo las campañas militares en Escocia y Dacia porque estas generarían mayores gastos. Sus políticas exteriores eran realistas y su objetivo principal era la estabilidad. Además, no persiguió a otras minorías religiosas, como judíos y cristianos.

Domiciano tenía la admiración del pueblo, pero estaba rodeado de enemigos. El 18 de septiembre del año 96 d.C., fue asesinado como parte de un plan formulado por oficiales de la corte. Seutonio relata que su muerte había sido presagiada.[45] Su asesino no vivió para contarlo. Domiciano luchó por su vida, pero fue en vano. El emperador detestable había muerto y los Senadores lo celebraron felices. Los soldados estaban furiosos, pero eso era un inconveniente menor para los ganadores. El Senado castigó a Domiciano con "damantio memriae", lo cual implicaba la eliminación de todo registro de este emperador de los archivos del imperio. Pero, como se puede ver, Domiciano no fue olvidado.

Capítulo 6 – La Dinastía Antonina: Los Cinco Emperadores Buenos (y un par no tan buenos)

Esta dinastía comenzó en el año 96 d.C. y se extendió hasta el 192 d.C. De los siete emperadores que reinaron en este período, cinco de ellos son recordados como Los Cinco Emperadores Buenos, gracias a Maquiavelo[46]. Una de las características más relevantes de esta dinastía es que todos sus emperadores—excepto Nerva y Cómodo—fueron adoptados por sus predecesores, quienes eligieron a sus herederos basados en sus competencias en lugar de la sangre. Por lo tanto, a veces también se les conoce como los "emperadores adoptados". En 1503, Maquiavelo dijo lo siguiente: "todos los emperadores que llegaron al trono por consanguinidad fueron malos, con la excepción de Tito; por el contrario, todos los que llegaron por la vía adoptiva fueron buenos, especialmente los cinco que gobernaron entre Nerva y Marco. Pero luego el imperio volvió a la ruina cuando estos volvieron a dar el poder a sus herederos de nacimiento[47]". Eventualmente, Marco Aurelio nombró a Cómodo, su hijo biológico, como su heredero. De acuerdo a la opinión popular, esto causó muchos problemas en el imperio[48]. El Imperio romano Occidental pudo haber durado tres siglos más, pero la era de prosperidad y estabilidad instaurada por la dinastía Antonina había llegado a su fin[49]. Hasta hace poco, los historiadores han alabado la visión de estos emperadores. Elegir herederos por sus logros y no por consanguinidad parece mostrar una ideología distinta a sus predecesores, una especie de ideología sobre la adopción. Sin embargo, muchos de ellos, excepto Aurelio, no tuvieron descendientes.

El Primero de los Cinco: Nerva

La Guardia Pretoriana y el Senado eligieron a Nerva después de la muerte de Domiciano. Nerva, de 65 años de edad, no tenía hijos. Él era un distinguido oficial público de los tiempos de Nerón, quien había develado conspiraciones en contra del emperador. También fue leal a los Flavios, sirviendo como Cónsul durante los reinados de Vespasiano y Domiciano. Ahora que Domiciano—el gran enemigo del Senado—estaba muerto, existía la oportunidad de devolverle el poder a las instituciones y acabar con la figura del emperador de una vez por todas. Pero los senadores no hicieron esto. Quizá porque era más fácil mantener sus privilegios y dejar toda la responsabilidad en manos de una persona. Nerva parecía ser el indicado para esta tarea.

Con frecuencia, se describe a Nerva como alguien prudente y sabio. Él intentó con ahínco ganar el apoyo de los romanos invirtiendo grandes sumas de dinero para cumplir su propósito. Sin embargo, el ejército romano nunca lo aceptó. En octubre del año 97 d.C., la Guardia Pretoriana se reveló contra Nerva. Ellos demandaron la sangre de los asesinos de Domiciano, no solo su despido, pero Nerva se negó a atender estas demandas. Un Cónsul romano de la época, Frontón, describió el reinado de Nerva como una auténtica anarquía, añadiendo además que la tiranía de Domiciano había sido mejor[50].

Nerva no tenía las agallas para ser emperador romano. Se negó a castigar a todos los que conspiraban en su contra y esto le hizo perder toda autoridad sobre el Senado. Se reinado enseguida se sumió en una crisis. Sabía que no le quedaba mucho tiempo. Esto lo motivó a buscar un heredero que estuviera mejor calificado que sus familiares. Su plan era adoptar al gobernador de Siria, Marco Cornelio Nigrino. Pero la decisión estaba fuera de su alcance. El Senado ya había escogido a Marco Ulpio Trajano, un famoso líder militar, como próximo emperador. Nerva adoptó a Trajano. Ambos debían compartir el consulado en el año 98 d.C., pero el 1 de enero del mismo año, Nerva murió de un infarto. El Senado no tardó en convertirlo en un dios y comenzó el reinado de uno de los emperadores romanos más importantes.

El Favorito del Senado—Optimus Princeps (El Mejor Emperador de Todos) Trajano

Tanto el Senado como el ejército estaban felices de ver a Trajano coronado como emperador, pero la decisión había sido algo polémica. El hecho de que no perteneciera a la aristocracia no era relevante. Ya había habido otros emperadores provenientes de otros estratos sociales. Pero Trajano no era romano, ni siquiera había nacido en Italia. Su lugar de nacimiento es lo que hoy se conoce como Andalucía. De acuerdo con Dion Casio[51], la madre de Trajano era española. Otras fuentes decían lo contrario. De cualquier manera, él fue elegido como emperador—de acuerdo con los designios de una antigua profecía.

Su historia comienza dos años atrás. A finales del año 96 d.C., Nerva designó a Trajano—siendo en aquel momento tan solo un senador del sur de España—como gobernador de la Alta Germania. Era un puesto importante y las tradiciones obligaban a Trajano a ofrecer un sacrificio al dios patrón de Roma, Júpiter. La entrada del templo de esta deidad estaba abarrotada de personas y esto no le facilitó a Trajano la entrada al edificio. Finalmente, al abrir las puertas del templo y revelar la estatua de Júpiter alguien de la audiencia gritó "¡Emperador!"[52]

Trajano, Emperador de Roma.[53]

En octubre del año 97 d.C., Trajano recibió la noticia de que había sido adoptado por Nerva. Él conocía la situación delicada de Roma y quería encargarse de ella. Envió a los conspiradores en la Guardia Pretoriana, aquellos que querían muertos a los asesinos de Domiciano y habían planeado un motín militar contra Nerva, y les dio una tarea especial. Dion Casio afirma[54] que la intención de Trajano era la de mantener ocupados a los conspiradores y deshacerse de ellos.

Trajano no tuvo prisa en llegar Roma, incluso al enterarse de la muerte de Nerva. Primero, se aseguró de que las fronteras de los ríos Danubio y Rin estuvieran seguras contra los dacios. Luego, quiso asegurarse de cuánto podía depender de las legiones que seguían siendo leales a Domiciano. Cuando todo esto estuvo arreglado, en el verano del año 99 d.C., entró a Roma a pie y se reunió con los senadores y otros romanos que lo esperaban con impaciencia.

Trajano era considerado como un autócrata benevolente y, al contrario de Domiciano, sus relaciones con el Senado eran excelentes. Su rectitud, valentía y la sencillez de sus actos eran impresionantes[55]. Se preocupó por desempeñar una buena labor, la prosperidad pública, establecer una política doméstica generosa y rehabilitar a los prisioneros y exiliados de épocas anteriores. Trajano proveyó a los pobres con *alimenta* (ayuda financiera y maíz gratuito), redujo los impuestos e inició un gran proyecto de construcción pública. Los caminos arruinados fueron restaurados, y se construyeron nuevos puentes, casas de baño, acueductos, y otras estructuras de uso público.

Trajano era un emperador considerado, pero no un pacifista. Este hombre amaba la guerra y era un gran soldado. Derrotó a los dacios—quienes habían causado estragos durante la administración de Domiciano—dos veces (en los años 101 y 105 d.C.) porque su rey, Decébalo, no respetaba los acuerdos de paz. Cerca de medio millón de dacios tuvieron que abandonar sus tierras para hacer espacio a la misma cantidad de romanos. La Tierra de los romanos (Rumanía) fue fundada en el lugar donde históricamente se establecía el reino de los dacios. Esto fue una gran victoria y Trajano la celebró con una serie de contiendas entre gladiadores. Aproximadamente 10.000 gladiadores lucharon a muerte y muchos más animales fueron asesinados.

Los seis años siguientes fueron de relativa paz. No obstante, en el año 114 d.C., un nuevo enemigo se rebeló en el Este. Los partos tomaron Armenia en la frontera oriental del imperio. El ejército de Trajano la recuperó y luego siguió hacia oriente, conquistando Mesopotamia. Durante la administración de Trajano, el Imperio romano logró abarcar más terrenos que nunca antes, extendiéndose desde Escocia hasta el Mar Caspio.

En el año 117 d.C., varias rebeliones se alzaron en el este y en el norte. Mientras se desplazaba de un lugar al otro, Trajano cayó enfermo, tal vez envenenado. Murió en Cilicia. Su cuerpo fue trasladado a Roma, cremado y enterrado bajo la gran Columna de Trajano.

Trajano estaba casado con Pompeya Plotina, pero nunca tuvo hijos. Dion Casio y los historiadores modernos creen que Trajano era homosexual[56]. Uno de sus amantes putativos fue su hijo adoptivo Adriano, a quien Trajano nombró su heredero bajo circunstancias extrañas en su lecho de muerte.

El Favorito de las Provincias – Adriano

La relación de Adriano y Trajano no era perfecta. Adriano había entrado a la familia tras casarse con la sobrina nieta de Trajano, pero el emperador jamás había mostrado señales de querer nombrarlo como su heredero. No obstante, en su lecho de muerte, Trajano lo adoptó como su último deseo. Este solo fue escuchado por su esposa Plotina y el prefecto Atiano, quien, se presume, era un amante de Plotina. Plotina firmó los papeles de adopción. Existen muchas versiones sobre lo que ocurrió ese día, pero nunca se sabrá la verdad.

Adriano, Emperador de Roma[57].

De cualquier forma, el Senado quería evitar otra guerra civil, por lo que no se discutieron las condiciones de esta adopción. El ejército fue el primero en aclamar al emperador Adriano, así como lo hizo también el Senado. Adriano recompensó a las legiones con un bono monetario como era costumbre. Pero los senadores mostraron su descontento después de que cuatro de ellos fueran ejecutados bajo las órdenes de Adriano -estando bajo la influencia del prefecto Atiano- acusados de conspiración y sin derecho a un juicio. Aunque las relaciones entre Adriano y el Senado fueron complicadas al final de su reinado, el emperador prometió no volver jamás a ejecutar a nadie basado en acusaciones sin pruebas, además de designar a un nuevo prefecto.

Adriano pasó más tiempo en las provincias que en Roma. Como Trajano había incorporado más territorios nuevos que ningún otro emperador, las revueltas eran comunes y ocurrían una tras otra. De hecho, en el momento de la muerte de Trajano, Adriano estaba tratando de aplacar una rebelión en las fronteras del Danubio.

Al ascender al poder, Adriano detuvo todo intento de expansión. De la misma manera que su predecesor, Augusto, este emperador pensaba que el imperio debía mantenerse firme y estable dentro de sus territorios. Las expansiones de territorio en los períodos intermedios a estos dos emperadores, desde Claudio a Trajano, habían causado problemas a la estabilidad del imperio. Adriano hizo un tour por las provincias para asegurarse de que todo estaba en orden. La disciplina militar era de gran importancia para él. Reorganizó las provincias. En Britana, construyó el famoso muro "para separar a los romanos de los bárbaros"[58]. Incluso devolvió a sus antiguos dueños las provincias que encontró problemáticas, como Armenia y Mesopotamia.

A las provincias que siguieron siendo parte del imperio, Adriano les concedió autonomía. Esto fomentó el crecimiento y desarrollo de sus ciudades. Patrocinó la construcción de numerosos edificios con fines civiles y religiosos. En Roma, completó la construcción del Panteón y el gran Templo de Venus y Roma. Pero su trabajo de restauración se extendió a Egipto, Grecia y otras provincias. Adriano era un filheleno y su deseo era convertir a Atenas en la capital cultural del imperio. Se erigieron muchos templos magníficos y otros ya existentes fueron restaurados a su antigua gloria a lo largo de Grecia.

El reinado de Adriano fue pacífico, con una sola excepción. Mientras los griegos estaban extasiados por su labor en Grecia, los judíos en Judea, no se sintieron satisfechos. Concebían el intento de asimilarlos al mundo grecorromano como un insultó y esto los llevó a rebelarse. La rebelión de Bar Kokhba en Judea fue feroz y con muchas bajas en ambos bandos. Pero terminó de forma catastrófica para los judíos. Adriano los desterró y rebautizó la provincia con el nombre de Siria Palestina. Jerusalén fue reconstruida al estilo griego y renombrada Aelia Capitolina.

La vida personal del emperador Adriano estuvo marcada por un matrimonio infeliz con Sabina y la cálida amistad—y posiblemente romance—del griego Antínoo, quien murió joven e hizo al emperador llorar como una mujer[59]. Adriano murió de un paro cardíaco en el año 138 d.C. y su hijo adoptivo, Antonino, heredó el trono.

El Emperador Respetuoso – Antonino Pío

Antonino Pío ("el obediente") fue un hombre de buen corazón. Era admirado por todos, desde el hombre común hasta la élite. Su reinado duró 23 años y fue, la mayoría del tiempo, pacífico.

Antonino fue adoptado por Adriano solo después de que la primera opción del emperador, Lucio Ceyonio Cómodo, muriera de tuberculosis. Antonino ni siquiera fue su segunda opción, era Marco Aurelio. Pero Marco contaba con solo 16 años en aquel momento. Antonino había ganado respeto y experiencia en la oficina pública, así que era la elección más segura. En febrero del año 138 d.C., Adriano adoptó a Antonino y lo nombró su heredero bajo la condición de que este adoptara a sus favoritos, Marco Aurelio y Lucio Vero.

Nadie se esperaba el reinado de Antonino. No solo duró más de lo anticipado, sino que fue extremadamente eficiente. Dion Casio lo describe como "un hombre bueno y noble que nunca ha oprimido a nadie"[60]. Antonino mostró su agradecimiento a Adriano convirtiéndolo en una deidad y continuando con sus políticas de gobierno. Pero, a diferencia de su predecesor, gobernó desde la seguridad de Roma, dejando que sus comandantes leales se encargaran de asuntos menores en Egipto, Germania y Mauritania.

Antonino insistió en aplicar las leyes de una forma justa e imparcial. Llevó tan lejos esta política que liberó a varios de los hombres aprisionados por Adriano (estaba seguro de que este era el deseo de su predecesor). Además, fue un emperador frugal que mantuvo las finanzas bajo un control estricto. Al morir, había logrado almacenar una gran cantidad de riquezas en su tesorería. Durante su administración, el comercio floreció. Culminó la construcción de muchos proyectos iniciados bajo el reinado de Adriano. Además, construyó otras obras, como un templo a su amada esposa, Faustina, y otro en honor a Adriano. También, se construyó un nuevo muro (el Muro de Antonino) en Escocia.

El Último de los Buenos – Marco Aurelio

"Las personas existen para ayudarse las unas a las otras. Enséñales, entonces, o acostúmbrate a ellas"

-Marco Aurelio[61].

Antonino murió en el año 161 d.C. Su esposa y la mayoría de sus hijos, incluyendo dos varones, ya habían fallecido. El título de emperador ahora pertenecía a Marco Aurelio y Lucio Vero.

Marco Aurelio fue emperador romano desde el año 161 hasta el 180 d.C. Lucio Vero gobernó junto a él hasta fallecer en el año 169 d.C., y, en el 177, Aurelio nombró a su hijo Cómodo como co-emperador.

Aurelio es mejor conocido como un filósofo estoico y autor de *Meditaciones*. Como emperador, fue el epítome del ideal Platónico, el mismo que reza que un emperador sabio usa su poder para ayudar a los demás en lugar de ayudarse a sí mismo.

Marco Aurelio, Emperador de Roma[62].

Este hombre sabio no fue solo un filósofo. Tuvo un rol activo como comandante supremo. En los últimos años de su administración, pasó la mayor parte del tiempo en los campos de batalla defendiendo las fronteras del Danubio de varias tribus de bárbaros. Ahí escribió varias notas que llegarían a formar parte de sus *Meditaciones*, un diario íntimo influenciado por la filosofía del pensador griego Epicteto.

Al mismo tiempo, su co-emperador, Lucio, defendió Armenia y Siria de los partos. Los romanos salieron victoriosos, pero a esta guerra le siguieron plagas y hambruna. Los años siguientes fueron problemáticos en las fronteras del imperio, haciendo de la situación algo más complicado. En el año 169 d.C., Lucio falleció. Marco Aurelio continuó luchando con valor hasta el año 180 d.C. Con la guerra contra los partos a su favor, Aurelio falleció en Vindobona (la actual Viena, en Austria). Su hijo Cómodo luchó a su lado, no solo como su heredero, sino como su igual. Ya había sido nombrado co-emperador en el año 177 d.C.

¿El Fin? Cómodo

El año 180 d.C. no es el final del imperio. No obstante, los historiadores están de acuerdo en que el ascenso de Cómodo al poder marcó el fin del Imperio romano como lo conocemos, una superpotencia militar y una sociedad altamente organizada. El historiador Dion Casio, quien fue testigo del cambio, dijo al respecto que "nuestra historia desciende ahora de un imperio de oro a uno de hierro y óxido"[63]. Una de las investigadoras más reconocidas sobre la historia romana termina su libro, *SPQR: Una Historia de la Antigua Roma*, con Cómodo[64] como si los años siguientes fueran irrelevantes. El magnífico imperio con un pasado republicano fue transformado en otra cosa, y, algunos siglos después, colapsaría. El comienzo del fin parte del reinado de este emperador.

Cómodo no fue el peor de todos los emperadores. Nadie podía ser peor que Calígula o Nerón. Pero, en aquellos tiempos, gracias a los esfuerzos de Augusto y Tiberio, era posible mantener a Calígula o Nerón. De igual manera, muchos están de acuerdo en que Domiciano hizo posible la prosperidad durante el reinado de los cinco emperadores. Ahora, la situación era diferente—el poder de los enemigos de Roma crecía con el paso de los años y el imperio luchaba por mantenerse a la vanguardia. Un emperador incompetente significaría una catástrofe. Lamentablemente, ese fue el papel de Cómodo.

Primero, Cómodo no contaba con la edad requerida para ninguno de los roles que le fueron asignados. En el año 176 d.C., se convirtió en emperador y tribuno. En el año 177 d.C., pasó a ser emperador y cónsul. La edad mínima requerida para ser cónsul era 32 años; Cómodo tenía 15. Al llegar su 32º cumpleaños, fue finalmente asesinado (para el alivio de todos).

Al principio, no parecía que su perfil fuera el de un mal gobernante. Cómodo fue criado con la mejor educación y altas expectativas, pero esto solo resultó en el desarrollo de un ególatra que disfrutaba de tomar partida en las luchas de gladiadores y ser representado como

Hércules (de hecho, creía ser la reencarnación de esta deidad). No estaba interesado en trabajos aburridos y la administración del imperio, así que dejó que otras personas se encargaran de eso. Uno de sus chambelanes fue un hombre llamado Cleandro, quien tuvo la idea de vender consulados, y eso hizo—vendió posiciones en los consulados por 25 años de adelanto. Mientras, varias personas fueron asesinadas por razones extrañas, desde acusaciones de traición hasta por ser mejores atletas que el emperador. Además, tuvo la brillante idea de cambiar el nombre del imperio a Commodiana. El valor de la moneda fue devaluado, las plagas azotaron las tierras; era como si todas las desventuras posibles cayeran entonces sobre Roma.

Cómodo como Hércules[65].

Finalmente, en el año 192 d.C., el prefecto de la Guardia Pretoriana, Emilio Leto, y el chambelán, Ecletus, al escuchar que Cómodo estaba planeando asesinarlos y reemplazarlos con gladiadores, decidieron tomar cartas en el asunto y acabar con el emperador. Fue durante el festival de Saturnalia, el 31 de diciembre del año 192 d.C. La amante de Cómodo le dio vino envenenado, pero Cómodo, ya ebrio, vomitó el veneno. Como el plan no funcionó, el entrenador personal del emperador lo estranguló.

Capítulo 7 – Algunos Emperadores Nuevos

No es ninguna sorpresa que Cómodo no tuviera herederos. Otra dinastía había terminado y ahora había lugar para los oportunistas. Los organizadores del asesinato de Cómodo acudieron al Cónsul, Plubio Helvio Pertinax. Pertinax era el hijo de un hombre libre. Ascendió al rango de la caballería y luego a senador durante el reinado de Marco Aurelio. Era adinerado y tenía experiencia gobernando provincias como África y Britania. Llegó a un acuerdo con los Pretorianos, les ofreció dinero y prometió restaurar la disciplina en el imperio, así que contó con su apoyo para llegar al poder.

Ambicioso, Capaz e Ilegítimo: Pertinax

Pertinax reorganizó el gobierno, declarándose "Jefe del Senado". Luego, declaró al difunto Cómodo enemigo del imperio, destruyendo las estatuas de este emperador y vendiendo sus propiedades para recaudar dinero para los soldados. Pero los soldados no estaban felices con la idea de devolver la disciplina a su profesión, ya que se les había permitido comportarse como quisieran, bebiendo sin medida y golpeando a los ciudadanos en las calles. Mientras tanto, los Pretorianos habían llegado a la conclusión de cambiar a Pertinax por otro Cónsul. Cuando su conspiración falló, acudieron a los soldados diciéndoles que el emperador planeaba ejecutarlos a todos. Los soldados entraron en pánico y asesinaron a Pertinax.

¿Cuánto por un Imperio? Didio Juliano

Otro Cónsul con los recursos suficientes para sobornar a los Pretorianos y convertirse en emperador fue Didio Juliano. Él ganó el imperio en una subasta, en la cual el prefecto Sulpiciano casi le arrebata el título. Didio disfrutó de sus días como emperador dilapidando los fondos públicos en banquetes y haciendo favores. Esto ocurrió hasta que una multitud pidió ser salvada de quien gastaba los fondos en todo menos en una buena administración—una multitud compuesta principalmente por las legiones bajo el comando del gobernador Pescenio Níger en Siria. Los hombres de Pescenio lo declararon emperador. Otras tropas hicieron lo mismo, proclamando a otros gobernadores, Clodio Albino y Lucio Septimio Severo, emperadores. El imperio estaba al borde de una guerra civil, pero Severo tuvo un plan brillante. Entabló una amistad falsa con Clodio Albino, prometiéndole nombrarlo su heredero. Albino cayó en la trampa quedándose en Britania mientras Severo se dirigía a Roma.

Didio Juliano es recordado por tener el reinado más corto en la historia del Imperio romano, un gobierno de tan solo 66 días. Al ser ejecutado, estas fueron sus quejas: "¿Qué mal he hecho? ¿A quién he asesinado?"[66]

El Primero de una Nueva Dinastía: Septimio Severo

Septimio Severo sirvió como senador bajo la administración de Marco Aurelio. Luego, durante el gobierno de Cómodo, Severo compró uno de los consulados ofrecidos por Cleandro. Creía que estaba destinado a ser emperador, viendo constantemente señales y presagios que apuntaban a ello. Ahora que había eliminado a Didio de su camino, se marchó al este y se deshizo de Níger y de cualquiera que apoyara a otra persona. Albino se dio cuenta del engaño y los ejércitos de ambos lucharon en el año 197 d.C., terminando con la victoria de Severo. Severo ordenó la ejecución de la esposa de Albino, de sus hijos y de sus seguidores. Al poco tiempo, llevó a cabo una purga del Senado y se preparó para instaurar una nueva dinastía, declarándose hijo de Marco Aurelio. Luego renombró a su hijo, Basiano, Marco Aurelio Antonino. Pero este siempre será recordado por su sobrenombre, Caracalla, que era una especie de túnica gala con una capucha que solía usar.

Severo falleció en el año 211 d.C., dejando a sus hijos Caracalla y Geta como co-emperadores.

Otro Niño Mimado: Caracalla

Se dice que Caracalla fue inteligente y misericordioso durante su niñez, pero se convirtió en un hombre arrogante y un opresor ambicioso que odiaba a su hermano y deliraba con ser como Alejandro Magno.

Caracalla ya había intentado asesinar a su padre. Ahora que Severo estaba muerto, este *princeps* hizo ejecutar a todos sus consejeros. Luego asesinó a su esposa, a su hermano (en la habitación de su madre) y a toda persona que, en su mente, fuera una amenaza. Nadie más que él tenía permitido asumir ningún poder. En el año 212 d.C., otorgó la ciudadanía romana a todos los hombres que vivían dentro de las fronteras del imperio, solo para hacerlos pagar impuestos inflados. La mayoría de este dinero estaba destinado al ejército. Caracalla era extremadamente sanguinario y le gustaba ver cómo las personas se quitaban la vida unas a otras. Eventualmente, fue asesinado por el próximo emperador, quien demostró ser incluso peor.

Prudente pero no lo Suficiente: Macrino

Marco Opelio Macrino era un hombre proveniente de un hogar modesto en Mauritania, al norte de África. Trabajó para obtener el estatus de caballero y convertirse en un abogado respetable. Desempeñaba tan bien su profesión que Caracalla le entregó control sobre sus propiedades. Con el tiempo, ascendió a la posición de prefecto de la Guardia Pretoria, siendo igualmente exitoso en ella.

Un vidente africano presagió que Macrino y su hijo estaban destinados a convertirse en emperadores. Macrino no creía en las supersticiones, pero Caracalla sí. El emperador habría asesinado a Macrino de haberse enterado de la profecía. Así que Macrino planeó el asesinato de Caracalla durante una campaña. Pero lo hizo de tal manera que no se levantaran sospechas en su contra. A ojos del público, parecía que Caracalla había sido asesinado por sus soldados.

Macrino desafió a Caracalla, tomando el nombre de Severo, añadió Antonino al nombre de su hijo, Diadumeniano, y actuó como si fuera un miembro más de la dinastía Severiana (y de manera indirecta, Antonina).

Pero Macrino era un simple caballero que jamás había ascendido al rango de senador. Esta no fue la única razón que lo hizo impopular. También cometió un error imperdonable: perdió territorio romano. Al no ser capaz de mantener Armenia en territorios del imperio, terminó entregándosela a los partos. Además, ascendió a un antiguo espía, Advento, a Cónsul y prefecto de Roma, aunque este hombre desconocía cómo funcionaban las instituciones romanas. El comportamiento de Macrino, así como su exhibicionismo con joyas y oro, alienó a los soldados.

Finalmente, se deshizo de algunos Severianos. La viuda, Julia Domna, la madre de Caracalla, tenía una hermana cuyos nietos, Heliogábalo y Alejandro Severo, parecían ser candidatos al trono. Macrino envió tropas para ejecutar a Heliogábalo, pero los soldados se rebelaron. El emperador y su hijo fueron ejecutados.

El Aficionado Hijo de Dios: Heliogábalo

El nombre de este emperador fue cambiado a Marco Aurelio Antonino, a pesar de no tener ninguna conexión con esta dinastía. Tenía apenas 14 años en el año 218 d.C. cuando se convirtió en emperador gracias al dinero que su abuela dio a los soldados. Su madre y abuela estaban a cargo del imperio.

Heliogábalo adoraba su homónimo dios sirio del sol. Trajo la piedra sacra a Roma y construyó un templo en honor a este dios. No estaba interesado en la administración del imperio, pero vendía los cargos a hombres adinerados, sin importar lo incompetentes que fueran.

Un día tuvo la idea de ejecutar a su primer y heredero adoptivo, Alexanio. Los soldados lo desobedecieron y, en su lugar, mantuvieron a salvo a este primo (que luego fue conocido como Alejandro Severo) y su familia. Heliogábalo volvió a intentarlo en el 222 d.C. y la Guardia Pretoria los ejecutó a él y su madre, arrastrando sus cuerpos por la ciudad hasta el Tíber. Ningún otro gobernante de Roma, sin importar lo corrupto que fuera, había sido arrastrado por las calles de esa manera.

El Niño Pequeño: Alejandro Severo

Alexanio—Marco Aurelio Severo Alejandro desde su ascenso al poder—tenía apenas 13 años cuando fue declarado emperador. Estuvo bajo la influencia de su abuela hasta su fallecimiento en el año 226 d.C. Después de eso, quedó bajo el control de su madre, Julia Mamea. Julia era una mujer inteligente que entendía el peligro al que se enfrentarían ella y su hijo si comenzaba otro período de anarquía militar. Sabía que mantener buenas relaciones con el Senado garantizaría la estabilidad de su reinado, así que instauró un concilio imperial. Dieciséis senadores fueron invitados a este concilio y el abogado, Domicio Ulpiano, fue nombrado prefecto de la Guardia Pretoriana. En realidad, este hombre, bajo la supervisión de Mamea, estaba al frente del Imperio romano. Durante esta administración, el imperio tuvo un breve momento de estabilidad y cordura. Durante diez años, las fronteras se mantuvieron intactas, se le brindó apoyo a las masas (gente de diversos lugares del imperio – o cuyos ancestros habían caído en la pobreza debido a las deudas y habían venido a Roma), se incrementó la *alimentia* (maíz y otros suministros alimenticios gratuitos), y se aprobaron fondos especiales para profesores—la tesorería del imperio cubrió todos estos gastos.

Pero los romanos se enfrentarían a un nuevo enemigo. Los sasánidas (una dinastía persa) invadieron buscando retomar los territorios que otrora habían pertenecido a Persia. Mucho del territorio romano en el este solía ser persa. Alejandro ganó una batalla contra estos invasores, pero le costó un alto precio. Las tribus germánicas aprovecharon este momento para rebelarse. Alejandro se dirigía a las fronteras germanas cuando sus propias tropas se rebelaron en el año 234 d.C. Ahora apoyaban a Maximino el Tracio, un hábil líder militar. Alejandro y su madre fueron ejecutados poco después.

Capítulo 8 – Crisis, Guerras Civiles y Divisiones: el Declive lento y doloroso.

El Imperio romano se fragmentó durante el tercer siglo. Durante la Crisis del Tercer Siglo o Crisis Imperial (entre los años 235-284 d.C.), emergieron tres entidades políticas: el Imperio galo, el Imperio romano y el Imperio de Palmira. La característica principal de este período fue el desorden de la sociedad. En 50 años, 20 emperadores se hicieron con el poder para ser eliminados uno tras otro hasta que el Emperador Aurelio y, más tarde, Diocleciano, encontraron una salida de la crisis y un modelo sostenible de imperio.

Cuando Septimio Severo comenzó a comprar la lealtad de los soldados a través de salarios inflados, el valor de la moneda se desplomó. Sus sucesores continuaron con esta tendencia, debilitando la economía romana. Al mismo tiempo, él hizo que el rol de emperador dependiera mucho de la lealtad del ejército. Esto se convirtió en un problema serio cuando la madre de Alejandro lo convenció para pagarle a las tropas germanas por la paz en lugar de reprimirlas. El ejército ya había perdido todo respeto por él. Este acto fue el último insulto. Los soldados asesinaron al emperador y a su madre, y Maximino el Tracio tomó el poder.

Cuando el soldado Maximino el Tracio llegó al trono—se reinado se extendió durante tres años, entre 235-238 d.C.—, se convirtió en el primero de los "Emperadores de Cuartel", quienes ascenderían al poder tan rápido como serían reemplazados por otros. Tendencia que se repetiría durante los próximos 49 años de crisis.

Los Emperadores de Cuartel

Al contrario de las dinastías, el término "Emperadores de Cuartel" se refiere a un grupo de emperadores del tercer siglo provenientes del ejército, cuya elección se basaba en su popularidad y generosidad entre las tropas. De estos emperadores se esperaban resultados inmediatos y contundentes. En este período, no había lugar para herederos o sucesiones: cualquier emperador incompetente era ejecutado y reemplazado por otro.

Hubo 20 de estos emperadores entre los reinados de Alejandro Severo y Diocleciano. Maximino el Tracio (235-238 d.C.) fue asesinado por sus soldados cuando estos se cansaron de ser arrastrados a tantos conflictos militares sucesivos. Además, se dieron cuenta de que Maximino no era un buen líder cuando se trataba de lidiar con la plaga, la hambruna y el conflicto civil masivo en el imperio.

Gordiano I y Gordiano II—padre e hijo—(co-emperadores de Roma en la primavera del año 238 d.C.), trataron de derrocar a Maximino con el apoyo del Senado. Gordiano II fue asesinado en una batalla contra los seguidores de Maximino, y su padre se quitó la vida tras recibir la noticia.

Balbino y Pupieno (co-emperadores de Roma en el verano de 238 d.C.), también lucharon contra Maximino, pero no eran populares. Terminaron siendo ejecutados por la Guardia Pretoriana.

Gordiano III (238-244 d.C.) fue co-emperador junto con Balbino y Pupieno. Cuando estos dos murieron, él fue declarado emperador por las tropas de Gordiano I y Gordiano II. Pero fue ejecutado, probablemente por Filipo el Árabe.

Filipo el Árabe (244-249 d.C.) fue un prefecto de la Guardia Pretoriana convertido en emperador. Declaró a su hijo, Filipo II, co-emperador. Fue asesinado por Decio y la Guardia Pretoriana asesinó a su hijo de 12 años momentos después.

Decio (249-251 d.C.) fue un gobernador de provincia hasta que sus tropas lo proclamaron emperador. Tenía la esperanza de que su hijo, Herenio Etrusco, lo sucediera, pero ambos murieron en la Batalla de Abrito en el año 251 d.C. Su hijo mejor, Hostilano (junio-noviembre de 251 d.C.), murió en el cargo por enfermedad.

Galo (251-253 d.C.) y su hijo adoptivo, Volusiano, fueron asesinados por sus propias tropas.

Emiliano (otoño del año 253 d.C.) fue un gobernador de provincia elegido para reemplazar a Galo. Pero, al mostrarse no apto para el cargo, fue asesinado en favor de Valeriano.

Valeriano (253-260 d.C.) murió como prisionero de los sasánidas. Fue el primer emperador romano en ser capturado en una guerra. Su captura durante las negociaciones de paz causó inestabilidad en el imperio.

Galieno (253-268 d.C.), hijo y co-emperador de Valeriano, fue un emperador exitoso y un gran líder militar que trajo progreso al ejército y la cultura. A pesar de ello, fue asesinado por sus propias tropas en una campaña militar. El futuro emperador Aureliano estuvo involucrado en esta conspiración.

Claudio Gótico (268-270 d.C.), famoso por sus victorias contra los godos, no se sintió muy emocionado al tomar la posición de emperador. Se dice que vengó la muerte de Galieno. Fue muy eficiente, pero murió enfermo después de tan solo dos años en el poder. Su hermano, Quintilo (270 d.C.), lo reemplazó, pero fue asesinado ese mismo año.

Aureliano (270-275 d.C.) fue uno de los pocos "Emperadores de Cuartel" en poner el bienestar del pueblo y la seguridad del imperio por encima de sus ambiciones. Unificó el imperio al arrasar con los galos y los palmirios, devolviendo esos territorios a la administración romana. Además, lidió de manera exitosa con tribus hostiles. Aun así, fue asesinado por uno de sus comandantes.

Los Imperios Disidentes

En el año 260 d.C., Póstumo, el gobernador regional de la Alta y Baja Germania, fue proclamado emperador del Imperio galo (Germana, Galia, Hispania y Britania). Una década más tarde, la reina Zenobia de Palmira, formó su propio imperio al este (Siria y Egipto). Nunca se rebelaron contra Roma. En vez de eso, le aseguraron al Senado de Roma que esto era lo mejor para el imperio. En lugar de luchar por el título de Emperador Romano, todos se dedicaron a gobernar sus provincias de la mejor manera posible. Los "Emperadores de Cuartel" no prestaron atención a estas provincias porque estaban muy ocupados luchando entre ellos mismos. Pero Aureliano sí estuvo pendiente y no estaba interesado en escuchar los motivos políticos detrás de estos imperios. Marchó a Egipto, capturó a Zenobia y recuperó el territorio sin dañar las ciudades. Después, fue al oeste a luchar contra Póstumo, quien ya había fallecido, pero su sucesor, Tético I, no pudo con las fuerzas de Aureliano. Eventualmente, Aureliano logró unificar el imperio, aunque fuera por poco tiempo. Sus comandantes creyeron que el emperador buscaba reemplazarlos y lo asesinaron. Otros emperadores se alzaron y cayeron y, con ellos, el Principado llegó a su fin. Pero esta clase de gobierno ya había llegado a la hecatombe. Era un tiempo de cambios importantes.

La misma situación se repitió durante el reinado de Diocleciano. Mientras se luchaba por obtener el poder empleando más recursos y ejércitos numerosos, el imperio que deseaban controlar se iba cayendo a pedazos.

La economía romana no podía aguantar este ritmo. A medida que la moneda seguía perdiendo su valor, el caos en la sociedad volvía a reinar.

Capítulo 9 – Dos Imperios: Este y Oeste

En el año 285 d.C., el emperador Diocleciano dividió el imperio en dos, creando el Imperio Romano Occidental y el Imperio Romano Oriental (o Imperio bizantino). Él creía firmemente que la Crisis Imperial había sido causada por la falta de claridad en la sucesión de gobernantes. Por ello, decretó que los sucesores debían ser elegidos y aprobados desde el comienzo de una nueva administración. Diocleciano se retiró en el año 305 d.C., y algunos de sus sucesores, especialmente los generales Majencio y Constantino, que no eran sus herederos legítimos, empujaron al imperio a otra guerra civil.

Diocleciano y la Tetrarquía

Diocleciano nació bajo el nombre de Diocles en una familia pobre de Dalmacia. Al ser muy capaz y al haber reunido tantos méritos, escaló los rangos del ejército. Llegó al poder en el año 284 d.C. y al año siguiente nombró a Maximiano su co-emperador. Diocleciano creía que un imperio tan grande requería de dos gobernantes y que los territorios debían ser divididos. Él se encargó del Este griego y Maximiano del Oeste latino. En 293, fue aún más lejos y creó la Tetrarquía (un gobierno de cuatro). Eligió a dos de los hombres más prominentes en el ejército y los nombró Césares (emperadores menores). Constantino ayudaría a Maximiano en el oeste y Galerio a Diocleciano. El plan era que, después de cierto tiempo, los emperadores principales abdicarían y los otros emperadores menores llegarían al poder. Al hacerlo, estos últimos nombrarían a su vez a sus propios emperadores menores.

Los tetrarcas tenían nuevos cuarteles, pero ninguno de ellos estaba en Roma debido a la distancia de esta ciudad con respecto a las zonas que necesitaban mayor cuidado de las tribus bárbaras. Diocleciano había sido emperador durante 20 años cuando visitó Roma por primera vez en el año 303. Su oficina principal estaba en Nicomedia, Asia Menor (la actual Turquía); la de Maximiano, en Milán, Italia; la de Constantino, en Tréveris, Galia; y la de Galerio, en Sirmio (la actual Serbia).

Domiciano y Maximiano restauraron ciudades e infraestructura, reformaron el ejército y las provincias, crearon un nuevo tipo de impuesto (cobrado en bienes en lugar de dinero) y, finalmente, introdujeron el Dominado, un nuevo tipo de sistema político totalitario que sería la base para el feudalismo.

En 303, Diocleciano y Maximiano comenzaron a perseguir sistemáticamente a los cristianos, destruyendo sus templos y libros sagrados, pero sin causar daños a las personas en general—esto fue quizá porque la esposa de Diocleciano era cristiana.

El Final de la Tetrarquía

Diocleciano y Maximiano se retiraron del poder en 305. Constantino y Galerio tomaron su lugar y nombraron a sus sucesores. Aunque la elección de sus herederos disgustó a muchos. Galerio había elegido a Maximino II Daya en lugar de su hijo, Majencio. Constantino había tomado una decisión similar, eligiendo a Severo II en lugar de su hijo Constantino. El hijo adoptivo de Diocleciano, Licinio, no fue considerado para el cargo.

Pero cuando Constantino falleció en 306 d.C., sus tropas ignoraron a Severo II y declararon a su hijo emperador—una decisión crucial para la historia universal. Galerio estaba furioso, pero intentó evitar una guerra civil. Tuvo la idea de convertir a Severo II en emperador del oeste y a Constantino en su emperador menor y heredero. Majencio también intervino y hasta su padre regresó de su retiro. Severo II intentó luchar contra los usurpadores, pero sus hombres lo traicionaron y terminó siendo asesinado. Maximino trató de calmar a su hijo casando a Constantino con su hija. En el corto período de caos que se había iniciado, Majencio—que trató de proclamarse emperador en tres ocasiones—fue declarado enemigo público.

El Emperador Cristiano—Constantino

En el año 312 d.C., Constantino arrasó con las fuerzas de Majencio en la Batalla del Puente Milvio, convirtiéndose en el único emperador del Este y del Oeste. Su creencia era que Jesucristo lo había ayudado a conseguir la victoria, así que promulgó una serie de reformas y leyes, como el Edicto de Milán (317 d.C.), el cual ordenaba tolerancia religiosa, especialmente hacia el cristianismo.

En tiempos de antaño, los Emperadores romanos solían establecer una relación con una deidad para aumentar su autoridad. En vez de Júpiter o algún dios egipcio, Constantino eligió a Jesucristo. Él lideró el Primer Concilio de Nicea (325 d.C.), el cual se reunió para aclarar asuntos relacionados con la fe, como la divinidad de Jesús y la autenticidad de los textos sagrados. Los miembros de este concilio seleccionaron los textos que serían recopilados para elaboración de la Biblia. El imperio volvió a ser estable, la moneda revaluada y el ejército sufrió otra reforma. Además de esto, Constantino fundó Nueva Roma—una nueva ciudad en la localización de la antigua ciudad de Bizancio (la actual Estambul), que se llamaría finalmente Constantinopla.

Desde entonces, Constantino ha sido celebrado como Constantino el Grande, pero ni siquiera él pudo salvar al imperio de su destino. Al poco tiempo de su fallecimiento, sus hijos dividieron el imperio en tres partes y lucharon por ver quién merecía más terreno. Solo Constantino II sobrevivió, y su sucesor, Juliano, un filósofo neoplatónico, rechazó el cristianismo y culpó a Constantino del declive del imperio. Prohibió la enseñanza del cristianismo así como la evangelización. Pero, a su muerte, el Cristianismo fue restablecido, esta vez como la religión del Estado bajo el reinado de Joviano, y cobró más fuerza durante el reinado de Teodosio I (379-395 d.C.), quien continuó con el legado de sus predecesores cristianos, cerrando escuelas y universidades paganas (como la Academia de Platón) y convirtiendo los templos en iglesias. No obstante, Teodosio estaba tan ocupado promoviendo la religión que descuidó sus labores de emperador. Él fue el último en gobernar el Este y el Oeste.

La Caída del Imperio romano

Entre los años 376 y 382 d.C., Roma estuvo en guerra con el agresivo pueblo godo (Guerras Góticas). El 9 de agosto de 376 d.C., el emperador Valente fue derrotado en la Batalla de Adrianópolis. Este evento debilitó al Imperio Romano Occidental. Muchos creían que el cristianismo fue una de las causas del declive; otros decían que el paganismo. La causa más probable fue la corrupción del gobierno y la imposibilidad de controlar un territorio tan amplio. La llegada de los visigodos en el tercer siglo d.C. y sus rebeliones demostraron ser fatales.

El 4 de septiembre del año 476 d.C., el rey germánico Odoarco derrocó al emperador romano Rómulo Augusto, y el Imperio Romano Occidental dejó de existir. El Imperio Romano Oriental (o Imperio bizantino) continuó hasta 1453. Al principio, era conocido como el Imperio romano, pero terminó siendo una entidad completamente distinta. El Imperio Occidental fue reinventado como el Sacro Imperio Romano siglos después, pero este no tenía nada que ver con la Roma de antaño. La historia había terminado para siempre.

Conclusión

Tras la caída del Imperio romano del Oeste, Europa se dividió en varios reinos y regiones. La rivalidad entre los reyes creó un estado de guerra perpetua. Los riesgos de invasión eran continuos y las fronteras cambiaban constantemente. En la Edad Media, incluso las ciudades luchaban unas con otras. Mientras esto ocurría, en el Este, otro imperio con el mismo nombre—Imperio romano—floreció hasta la llegada de los otomanos en el siglo XV.

Hoy en día, existen muchos países en el territorio que otrora ocupara el Imperio romano. La influencia de este imperio moldeó todos los aspectos de la vida occidental moderna. Su vasto legado, en especial el sistema político romano, ha persistido en todo el mundo. Nuestra cultura y creencias religiosas tienen sus orígenes en la antigua Roma. Muchas de las palabras que usamos hoy en día, sin importar nuestra lengua madre, vienen del latín. Finalmente, nuestras nociones de civilización—incluyendo sus aspectos decadentes—fueron forjadas en Roma. La historia de Roma no es solo la historia de una ciudad en la zona del Mediterráneo. Va mucho más allá: es el primer capítulo de la historia del mundo globalizado.

Línea Temporal de Eventos Importantes

Año 44 a.C. (15 de marzo) – El Asesinato de Julio César: César es asesinado en el Teatro de Pompeya por los "Libertadores".

Año 43 a.C. (27 de noviembre) – El Segundo Triunvirato, conformado por Octavo, Marco Antonio y Lépido, obtienen el poder de formular y anular leyes, y designar magistrados.

Año 42 a.C. – La Guerra civil contra los Libertadores. Octavio y Antonio comandan a sus tropas al norte de Grecia persiguiendo a los asesinos de César, Bruto y Craso. Bruto es asesinado.

Año 33 a.C. – El final del Segundo Triunvirato.

Año 31 a.C. – Batalla de Accio: Octavio derrota a Marco Antonio y Cleopatra en una batalla naval.

Año 30 a.C. – Con sus tropas derrotadas por Octavio, Antonio y Cleopatra comenten suicidio.

Año 27 a.C. – Octavio se convierte en Augusto.

Año 21 a.C. – Augusto casa a su única hija, Julia, con Marco Vipsanio Agripa.

Año 17 a.C. – Augusto adopta a los hijos de Agripa y Julia.

Año 12 a.C. – Agripa muere durante las Guerras Germánicas.

Año 11 a.C. – Augusto casa a Tiberio con Julia.

Año 6 a.C. – Augusto le ofrece a Tiberio poder tributario e imperial sobre la mitad oriental del imperio, Tiberio se niega y se retira a Roda.

Año 2 a.C. – El Senado proclama a Augusto *Pater Patriae* (padre de la patria).

Año 2 d.C. – Tiberio regresa a Roma como un *privatus*.

Año 4 d.C. – Augusto adopta a Tiberio.

Año 13 d.C. –Tiberio se convierte en co-*princeps*.

Año 14 d.C. – Augusto muere. Germánico es designado jefe del ejército romano en Germania.

Año 16 d.C. – Germánico derrota a una fuerza germánica en el Weser.

Año 18 d.C. – Tiberio le concede a Germánico poder imperial sobre la mitad oriental del imperio.

Año 19 d.C. – Germánico muere en Antioquía, posiblemente envenenado bajo las órdenes de Tiberio.

Año 22 d.C. – Tiberio le concede a Druso Julio César poder tributario, eligiéndolo como su sucesor.

Año 37 d.C. – Tiberio muere, dejando su oficina a Calígula y Tiberio Gemelo.

Año 38 d.C. – Tiberio Gemelo es asesinado bajo las órdenes de Calígula.

Año 41 d.C. – Calígula es asesinado. La Guardia Pretoriana nombra *princeps* a Claudio.

Año 50 d.C. – Claudio adopta a Nerón, hijo de su esposa Agripina.

Año 54 d.C. – Claudio es envenenado por Agripina. Nerón ocupa su lugar.

Año 55 d.C. – Británico, hijo de Claudio, es envenenado y muere.

Año 64 d.C. – El Gran Incendio de Roma.

Año 65 d.C. – La conspiración contra Nerón.

Año 68 d.C. – Nerón es declarado enemigo del estado y muere. Galba se convierte en el nuevo regente de Roma.

Año 69 d.C. – Galba es asesinado por la Guardia Pretoriana. Oto se convierte en emperador de Roma, pero es derrotado por Vitelio, quien lo reemplaza. Vitelio es ejecutado. Vespasiano se convierte en emperador romano.

Año 79 d.C. – Vespasiano muere y su hijo, Tito, es su sucesor. La erupción del Monte Vesubio tiene lugar. Las ciudades de Pompeya y Herculano son destruidas.

Año 80 d.C. – Otro incendio en Roma. Se completa la construcción del Gran Coliseo.

Año 81 d.C. – Tito muere. Domiciano se convierte en emperador.

Año 96 d.C. – Domiciano es asesinado. Nerva lo reemplaza.

Año 97 d.C. – Nerva adopta a Trajano.

Año 98 d.C. – Nerva muere, Trajano ocupa su lugar.

117 – Trajano muere. Adriano llega al poder.

122 – Se inicia la construcción del Muro de Adriano en la frontera al norte de Britania. 138 – Adriano adopta a Antonino Pío, bajo la condición de que este adopte a Marco Aurelio y Lucio Vero. Adriano muere, y Antonino ocupa su lugar.

161 – Antonino muere. Marco y Lucio Vero son declarados co-emperadores.

169 – Lucio Vero enferma y muere, dejando a Marco Aurelio como único emperador de Roma.

177 – Marco nombra a su hijo Cómodo su co-emperador.

180 – Marco Aurelio muere.

192 – Cómodo es asfixiado hasta morir.

193 – Pertinax y Didio Juliano se sucedieron como emperadores, siendo ambos asesinados por la Guardia Pretoriana. Septimio Severo se convierte en emperador.

198 – Septimio Severo elige a su hijo mayor, Caracalla, como co-emperador.

209 – Septimio Severo nombra a su hijo menor, Publio Septimio Geta como co-emperador junto a Caracalla y su persona.

211 – Septimio Severo muere. Los hombres de Caracalla asesinan a Geta.

217 – Caracalla es asesinado por uno de sus guardaespaldas. Macrino es aclamado como emperador.

218 – Heliogábalo, el hijo ilegítimo de Caracalla, captura y asesina a Macrino. Luego, se convierte en emperador.

222 – Heliogábalo fue asesinado por los Pretorianos. Alejandro Severo se convierte en el nuevo gobernante.

235 – Alejandro Severo es asesinado en un motín. Máximo el Tracio se convierte en emperador.

238 – Gordiano I y Gordiano II son declarados emperadores de Roma. Pupieno y Balbino, los siguientes en la línea, son asesinados y sucedidos por Gordiano III.

244 – Gordiano III es asesinado y reemplazado por Filipo el Árabe.

249 – Filipo el Árabe es asesinado en combate junto a Decio, quien se había convertido en emperador. Hostiliano toma su lugar, pero muere enfermo el mismo año. Galo es el siguiente en el trono, y fue sucedido por su hijo, Volusiano.

253 – Galo y Volusiano son asesinados. Emiliano se convierte en emperador, pero es asesinado y Valeriano toma su lugar.

260 – Valeriano es capturado por el Imperio sasánida. Póstumo es declarado regente de Roma en el Imperio galo.

269 – Póstumo es asesinado por sus soldados, quienes aclaman a uno de los suyos, Marco Aurelio Mario, como Emperador del Imperio galo.

275 – Aurelio es asesinado por la Guardia Pretoriana.

284 – Diocleciano es proclamado *Augustus*.

285 – Diocleciano le otorga a Máximo el título de César.

286 – Diocleciano declara a Máximo emperador del oeste, mientras él gobierna el este. 293 – Diocleciano establece la Tetrarquía, designando a Constancio Cloro para mantener la oficina del César en occidente, mientras que Galerio hace lo propio en oriente.

305 – Diocleciano y Máximo abdican. Constancio y Galerio se convierten en *Augusti* en el Este y el Oeste, respectivamente. Galerio designa a Flavio Valerio César en el Oeste y a Máximo II César en el Este.

306 – Constancio muere y sus tropas aclaman a su hijo Constantino como el Gran Emperador. Estalla una guerra civil entre los tetrarcas: los rebeldes en Roma aclaman al hijo de Máximo, Majencio como soberano de Roma.

308 – Guerras entre los tetrarcas: después de un golpe fallido contra Majencio, Máximo se ve forzado a huir a la corte de Constantino.

310 – Máximo es obligado a cometer suicidio.

311 – Galerio y Diocleciano mueren. Licinio y Maximino llegaron al acuerdo de dividir el imperio oriental entre ellos.

313 – Constantino el Grande y Licinio decretan el Edicto de Milán.

330 – Constantino el Grande movió la capital del imperio a Bizancio y cambió el nombre de la ciudad a Constantinopla.

337 – Constantino el Grande muere.

379 – Teodosio I es declarado el Gran Augusto en el este.

380 – El Edicto de Salónica convierte al cristianismo en la religión oficial del Imperio romano.

402 – La capital del Imperio romano del Oeste se cambia a Rávena.

410 – Roma es saqueada por los visigodos bajo el reinado de Alarico I.

455 – Petronio Máximo se convierte en Augusto del Imperio romano del Oeste. Muere mientras intentaba escapar de Roma ante una avanzada de los vándalos. Roma es saqueada por los vándalos.

476 – El Emperador Occidental Zenón toma Constantinopla. El Rey Germánico Odoacro toma control del oeste. El Imperio romano del Oeste llega a su fin.

Tercera parte: El Imperio bizantino

Una guía fascinante de Bizancio y cómo el Imperio romano del este fue gobernado por emperadores como Constantino el Grande y Justiniano

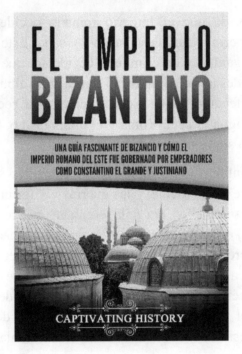

Introducción

Mucho después de que el Imperio romano occidental dejara de existir, otro Imperio romano estaba vivo y sano. Este imperio fue el único estado organizado en el mundo occidental que persistió en la misma forma desde la antigüedad hasta los albores de la era moderna. No afectada por la Edad Oscura, esta sociedad fue una fusión de la antigua Grecia, Roma y el cristianismo, una fusión que creció y maduró siglos antes del Renacimiento.

El Imperio bizantino fue fundado durante el caótico siglo III. Era el momento en que las revueltas y las guerras civiles eran comunes, y los emperadores romanos tan solo duraban un año. En medio de estos disturbios, el nuevo mundo jerárquico y ordenado surgió en el río Bósforo. Pero el Imperio romano del este no era una sociedad autocrática típica. Cualquiera, incluidos los humildes agricultores y las mujeres huérfanas, tuvieron la oportunidad de encontrar su camino hacia el trono. El gobernante más grande de Bizancio era antes un campesino humilde de la actual Macedonia, mientras que una emperatriz era una ex cortesana.

A pesar de ser una sociedad profundamente religiosa, su sistema educativo era minucioso y sorprendentemente secular. No hubo Edad Oscura en Bizancio. Esta parte del mundo era el guardián de la luz y la civilización en la Europa medieval y más allá[xxxvi].

Presentaba un escudo que protegía al resto de Europa de la rápida expansión de las fuerzas islámicas[xxxvii]. Al mismo tiempo, conservó textos y artefactos invaluables de la cultura griega y latina, y creó más aún. Los mosaicos de Rávena fueron obra de artesanos bizantinos, al igual que la Santa Sofía. La eterna ley romana, que sirvió de base e inspiración para la gran mayoría de los sistemas legales europeos, se creó en Constantinopla, no en Roma. No fue introducida por Octavio, Claudio o Trajano. El nombre del poderoso emperador que nos dio tal logro fue Justiniano.

El Imperio bizantino no era el verdadero nombre de este estado. Fue conocido formalmente como el Imperio romano de Oriente. Los ciudadanos de Constantinopla y sus gobernantes se consideraban romanos, no bizantinos. No solo ellos, sus países vecinos, incluidos sus enemigos, vieron a este imperio como romano. Cuando Constantinopla cayó después de once siglos, el sultán otomano Mehmed II tomó el título de César de Roma. No fue hasta el siglo XVIII que los eruditos del oeste negaron al Imperio oriental la etiqueta de "romano". Bizancio, el nombre de una pequeña ciudad que sirvió de base para Constantinopla, se había convertido en el nombre oficial de este estado siglos después de su colapso.

El mundo oriental y occidental estaban poco vinculados por el cristianismo hasta 1054, cuando la iglesia se dividió en mitades católicas y ortodoxas. La hostilidad culminó durante las Cruzadas. El Imperio del Este nunca se recuperó completamente de los violentos ataques del Occidente católico. Perdió la capacidad de resistir la invasión de los otomanos. Cuando cayó, fue rápidamente olvidado. Por pura ignorancia, su nuevo nombre, bizantino, se convirtió en sinónimo de oscuridad e incluso de astucia.

La historia del Imperio bizantino es menos conocida, pero está entre las más fascinantes. Este libro es una historia de poder y gloria, anarquía y orden, paganismo y cristianismo, guerra y paz, Occidente y Oriente. Se familiarizará con las raíces de las grandes controversias que definieron la historia de Europa y la totalidad de la civilización occidental: el conflicto entre las iglesias católica y ortodoxa, y el que existe entre el cristianismo y el islam. Usted leerá las historias de notables emperadores de los que nunca había oído hablar y sobre la asombrosa valentía de héroes grecorromanos como Constantino Dragases, que resistió a los otomanos hasta el final, y Belisario, que luchó contra los persas para reconquistar lo que solía ser el Imperio occidental.

La historia de Constantinopla comenzó en el año 324 d.C., cuando Constantino decidió, o fue contada por una voz divina, como dice la antigua leyenda, establecer la nueva capital del mundo en una colina sobre el Bósforo. Europa seguía siendo romana, pero la ciudad de Roma no era tan importante. Perteneció al pasado, al igual que la antigua ciudad de Troya. Bizancio era el futuro, muy prometedor y dinámico, como veremos en las páginas siguientes.

De alguna forma el Imperio occidental continuó existiendo durante otro siglo y medio después de la construcción de Constantinopla. Los dos imperios vivían simultáneamente, y unos pocos gobernantes lograban reunirlos ocasionalmente, pero solo por un par de años, hasta que un día, el bárbaro rey Odoacro tomó el de occidente y envió las insignias imperiales occidentales al emperador oriental.

Nuestra historia comienza con el período llamado Imperio romano tardío, que comenzó con Diocleciano y fue profundamente influenciado por Constantino el Grande. Los primeros tres capítulos cubren la lucha de las dos mitades del mundo romano, las formas en que sus emperadores intentaron resistir a los enemigos dentro y fuera de las fronteras hasta la caída final de Roma. El resto del libro aborda el "futuro" romano, el nuevo mundo que era tan poderoso como el de Augusto Roma, y las figuras más gloriosas (e igualmente controvertidas) de la "Nueva Roma": el emperador bizantino Justiniano y la emperatriz Teodora.

Capítulo 1 - Sentando las bases del Imperio bizantino

La visión y la energía de Constantino fueron notables, pero la fundación de la nueva capital romana habría sido imposible si no hubiera sido por Diocleciano y sus profundas reformas. Trajo cambios que afectaron a casi todos los aspectos de la sociedad romana. Algunos de ellos eran populares, otros no, pero él ciertamente sabía lo que estaba haciendo.

El siglo tercero fue una época de tremendo sufrimiento para el pueblo romano. Los días de estabilidad y gloria habían terminado. Los ejércitos lucharon entre sí dentro del Imperio, mientras que hordas bárbaras atacaban las fronteras. La población se estaba ahogando en deudas e impuestos cada vez mayores. Veintinueve emperadores intentaron establecer nuevas dinastías. Todos ellos fueron asesinados, más a menudo por la Guardia Pretoriana que por fuerzas externas, todos menos uno.

Cómo Diocleciano cambió Roma para siempre

Diocleciano fue un soldado de Dalmacia (Croacia en la actualidad). Él ganó el poder de la misma manera que los demás: matando a su predecesor y derrotando a su ejército. Pero hizo todo lo demás de manera diferente. Sabía que el Imperio romano era demasiado vasto y complejo para ser controlado por un solo hombre. No cegado por el poder, decidió compartirlo. Hizo de Maximiano, su viejo compañero de bebida, un co-emperador, y dividió el imperio por la mitad.[xxxviii] Diocleciano tomó el control de la mitad del imperio y le dio a su amigo la parte occidental latina. Todo funcionó tan bien que Diocleciano decidió dividir aún más el imperio, nombrar a dos emperadores menores y establecer la tetrarquía. Oficialmente, todavía había un único Imperio romano. Los cuatro hombres tenían el poder de dirigir ejércitos y emitir leyes. El sistema era eficiente, al menos temporalmente. Las fronteras y las provincias estaban bajo control, y Diocleciano volvió a otros temas. Reformó la administración e hizo más eficiente el sistema tributario. Finalmente, renombró la institución del emperador de Roma. Ya no era apropiado esconderse detrás de los símbolos de la república obsoleta, que funcionó tan bien para Octavio Augusto y sus descendientes. Los días del principado habían terminado.[xxxix] El emperador ya no era el "primero entre iguales". Diocleciano se elevó de las masas y luego se presentó como la encarnación de Júpiter en la Tierra. A diferencia de los emperadores de las épocas anteriores que solían representarse con togas o uniformes militares, Diocleciano vestía una túnica dorada y llevaba una corona. Fue el comienzo de la dominación, o el imperio romano tardío.[xl]

Los romanos habían deificado a sus emperadores fallecidos durante siglos. Como la mayoría de la población era pagana, aceptaron fácilmente la idea de otro gobernante divino. Pero no todos eran paganos. La gente de todo el imperio había abrazado una nueva religión que les daba esperanza contra la injusticia arbitraria. El cristianismo les dio fe en un Dios todopoderoso y amoroso que castigaría a los malvados y recompensaría a los justos con la vida eterna. Y el creciente número de cristianos en el imperio no estaba dispuesto a tragar las afirmaciones de la divinidad de Diocleciano.

Los cristianos eran ciudadanos modelo. Pagaron sus impuestos sin quejarse y estaban dispuestos a servir en el ejército. Pero había algo que Diocleciano no podía tolerar. Los cristianos minaron la esencia de su autoridad imperial al negarse a hacer un sacrificio al emperador. Insistieron en que solo había un Dios y destacaron el hecho de que el emperador, por muy poderoso que fuera, era solo un hombre.

Así que Diocleciano decidió acabar con ellos. Numerosas iglesias fueron destruidas, y las santas escrituras fueron quemadas. Las personas fueron capturadas, algunas de ellas incluso asesinadas, pero el cristianismo persistió. Toda esa represión lo hizo más fuerte. Los paganos simpatizaban con sus vecinos cristianos, rechazando la propaganda de Diocleciano, que los describía como disidentes inmorales, sin Dios, peligrosos, e incluso caníbales. En realidad, los cristianos eran personas comunes que pagaban impuestos, tenían familias estables y eran honestos en el comercio. Todos lo sabían. La batalla de Diocleciano contra el cristianismo se volvió contra él. Finalmente, en el 305 d.C., Diocleciano abdicó. Maximiano, que gobernaba el oeste, también tuvo que abdicar. Sus emperadores menores (Césares), Galerio y Constantino el Pálido, ahora se habían convertido en emperadores y se les pidió que nombraran a sus respectivos Césares. Todo salió bien, excepto por una cosa. Algunos de los tetrarcas (tetrarquía era la regla de cuatro) tenían hijos. Esos hijos no se alegraron lo más mínimo cuando se enteraron de que otros hombres fueron nombrados herederos de sus padres. El orden perfecto que estableció Diocleciano ya había comenzado a fundirse.

Los hijos de Maximiano y Constantino el Pálido, Majencio y Constantino, creían que iban a convertirse en los herederos del trono. Cuando descubrieron que se quedaron sin nada, como los ciudadanos privados comunes, se sintieron traicionados. Y por supuesto, no lo aceptaron.

El ascenso de Constantino

A diferencia de otros tetrarcas, Constantino el Pálido era honesto y realista. Nunca persiguió a los cristianos ni a nadie más. Su ejército, incluso los rangos más altos, incluía personas de todas las religiones. Naturalmente, él era extremadamente popular entre el ejército. Pero desafortunadamente, estaba gravemente enfermo. Él no era "pálido" metafóricamente; Estaba muriendo de leucemia. Esto se hizo evidente durante su campaña en Gran Bretaña a principios de 306. Sucumbió a su enfermedad el 25 de julio de 306. Se informó al ejército que su emperador junior llamado Severus, de quien la mayoría de ellos nunca había oído hablar, tomaría el lugar de Constantino.

Constantino a menudo se unía a su padre en campañas y estaba allí cuando murió. El ejército era leal a él, igual que a Constantino. Entonces, declararon a Constantino su emperador, y otra guerra civil comenzó.

Mientras tanto, animado por la forma en que Constantino reclamó el poder, el hijo de Maximiano, Majencio, se apoderó de Roma. Ahora había seis hombres que decían ser los emperadores de Roma, los cuatro tetrarcas "legales" (siguiendo el sistema de sucesión establecido por Diocleciano), y dos "ilegales" (que tomaron el poder por la fuerza) - Constantino y Majecio. Para 312, solo los dos intrusos quedaron en el oeste. Entonces Constantino, con sus cuarenta mil hombres, invadió la Italia de Majencio.

A diferencia de Constantino, Majencio era un gobernante cruel y en gran medida impopular. No le aseguraron que su ejército lo defendería de Constantino, así que escapó de la ciudad. Los dos ejércitos pronto se encontraron en el puente Milvio. Constantino, quien más tarde afirmó que fue guiado por Cristo, aplastó las fuerzas de Majencio. Al día siguiente, Constantino entró triunfalmente en Roma con la cabeza de Majencio en una lanza. Se había convertido en el único gobernante del Imperio Romano de Occidente. Pero en el siglo IV, el Occidente no era el mejor. Fue solo el comienzo para Constantino.

El busto de Constantino el Grande ^{xli}

Capítulo 2 - La era de Constantino

Constantino entró en Roma como un libertador que liberó a su pueblo del despiadado tirano. El Senado lo saludó con entusiasmo cuando ingresó al Foro. Pero luego hizo algo impensable, algo que ningún emperador romano había hecho en la historia: se negó a ofrecer el sacrificio habitual a la antigua deidad de la victoria. Había obtenido la victoria contra Majencio empuñando la cruz y la espada, y con la ayuda del Dios cristiano. Este fue un punto de inflexión en la historia romana y el que unió el Imperio romano y la iglesia cristiana para siempre.

Su impacto en el cristianismo fue enorme, pero Constantino todavía no se había convertido en un verdadero cristiano.[xlii] El nunca renunció a su título de Pontífice Máximo, y las representaciones de sus deidades paganas favoritas, Sol Invictus y Mars Conservator, aún aparecían en sus monedas. Es cuestionable si él incluso entendía el significado más profundo del cristianismo y el concepto teológico de la resurrección. Sin embargo, era lo suficientemente sabio como para darse cuenta de que el cristianismo no tenía que ser visto como una amenaza para el establecimiento. Vio a la nueva religión como una oportunidad para probarse a sí mismo como un gobernante justo y para unir a las personas dentro del imperio. Entonces, detuvo todas las persecuciones de los cristianos, y en 313 legalizó la fe al emitir un edicto de tolerancia. A partir de ese momento, el cristianismo tomó otro propósito: apoyar al régimen de Constantino de la misma manera que el paganismo apoyaba al de Diocleciano. Pero se aseguró de no alienar a los paganos, que todavía constituían la mayoría de la población, y todavía no había hecho de la nueva religión la exclusiva del imperio.

Conquistando el este

Mientras Constantino se mostraba a sí mismo como un modelo de tolerancia religiosa en occidente, el este había caído en manos del emperador Licino. Licino se había librado de la competencia en su mitad del imperio, pero le tenía miedo a Constantino. Asegurándose de que los cristianos apoyarían a su rival occidental, comenzó a perseguirlos como lo hizo Diocleciano. Constantino vio su oportunidad y vino con su ejército. Después de un par de semanas, los ejércitos de los dos emperadores romanos se reunieron cerca de la antigua colonia griega de Bizancio, que se convertiría en el centro del universo, donde el 18 de septiembre de 324, las fuerzas de Constantino devastaron por completo a Licino. Constantino el grande, como se llamaba a sí mismo por su triunfo sobre Maximino, se había convertido en Constantino el vencedor, el único emperador del Imperio romano.

Una vez más, Constantino emergió como el protector de la gente. Él llegó y salvó a los cristianos sin perseguir a la población pagana. Mantuvo cuidadosamente el aspecto de tolerancia y neutralidad hasta que logró eliminar al último de sus rivales. Ahora que se había convertido en el único gobernante, podía abrazar el cristianismo más abiertamente. Su madre, Helena, la primera peregrina del mundo, fue a Tierra Santa y fundó numerosos albergues y hospitales en el camino, incluida la Iglesia de la Natividad en Belén y la Iglesia del Santo Sepulcro en el Gólgota de Jerusalén, en el lugar exacto donde Cristo había sido crucificado, y luego Adriano construyó el templo de Venus, que aparentemente tuvo que ser demolido.

La Iglesia del Santo Sepulcro, también llamada la Basílica del Santo Sepulcro, o la Iglesia de la Resurrección. [xliii]

Esta fue una época de rápidos cambios dentro del imperio, que dejaron grandes consecuencias. Constantino llevó a cabo una serie de reformas para estabilizar el dañado imperio. Los mercados y el comercio se recuperaron, y las clases trabajadoras comenzaron a trabajar de nuevo (en lugar de luchar en guerras civiles). Los campesinos se vieron obligados a quedarse en sus tierras. Los miembros de los gremios, así como sus hijos, tenían que permanecer en sus ocupaciones. Estos cambios eventualmente dieron como resultado el sistema feudal que era común en todo el oeste. En el este, estable y próspero, sin embargo, estas reformas tuvieron poco efecto.[xliv]

A medida que el bienestar material mejoraba en todo el imperio, Constantino iba más lejos en la crianza del cristianismo. Prohibió los sacrificios paganos y las orgías rituales, puso fin a la práctica de la crucifixión y los violentos juegos de gladiadores (las carreras de carros persistieron al ser menos violentas) y confiscó los tesoros del templo para construir iglesias.

Todo el Imperio romano y el cristianismo se unieron para siempre, pero entonces surgió un nuevo desafío. Un joven sacerdote (y brillante orador) de Egipto llamado Ario comenzó a enseñar que Cristo simplemente no era realmente un dios y que era inferior a Dios el Padre. Esta herejía amenazó con destrozar a la iglesia aún descentralizada y desorganizada. Entonces, Constantino decidió poner fin al caos y, cuando su idea de "resolver las diferencias y vivir en armonía" fracasó, anunció un gran consejo. El 20 de mayo de 325, en Nicea, Constantino reunió a todos los obispos del imperio y propuso una solución simple a la compleja cuestión teológica de la naturaleza de Cristo. Los arrianos no se atrevieron a estar en desacuerdo con el emperador, y luego el mismo Arrio fue condenado. Constantino restauró la unidad cristiana tal como lo había hecho con el imperio.

Un nuevo comienzo: la nueva capital del Imperio romano

Ahora que Constantino había instalado todo, hizo una inmensa basílica en Roma, con una enorme estatua de sí mismo adentro, y varias otras iglesias, incluida una para el papa. Pero prefirió vivir en otra ciudad y crear un nuevo comienzo para el imperio profundamente cambiado. Una voz divina, como más tarde afirmó, le mostró el sitio donde debía construir la Nueva Roma (Nova Roma).

La colonia griega de mil años llamada Bizancio se ubicó en un lugar perfecto entre las fronteras este y oeste del imperio. Rodeada por tres lados con agua, tenía increíbles defensas naturales. La ciudad poseía un gran puerto en el centro de las lucrativas rutas comerciales entre el Mediterráneo y el Mar Negro. Por último, pero no menos importante, este fue el sitio donde Constantino aplastó a Licino y se convirtió en el único gobernante del imperio.

La Nueva Roma fue construida muy rápido, en solo seis años. La gente de todas partes del imperio se alegró de mudarse allí y disfrutar de los numerosos beneficios, incluidos el grano gratis y el agua dulce, así como las perspectivas de avance en la escala social.

La nueva capital se fundó el 11 de mayo de 330, y posteriormente se conoció como Constantinopla.

Los últimos años de Constantino el Grande: Un oscuro secreto, bautismo y muerte

En sus últimos años, Constantino luchó por preservar la armonía política y religiosa. Gobernó de manera opresiva y utilizó medidas severas para devolver algo de prosperidad. Tuvo éxito al hacerlo, pero también se estaba volviendo cada vez más despiadado. No podía tolerar a ningún posible rival y ya había matado a muchos, pero esta vez fue diferente. Había un hombre a quien las masas amaban realmente y a quien querían ver como el próximo emperador. Este hombre se llamaba Crispo, el hijo mayor de Constantino. El emperador no pudo soportar la popularidad de su hijo. Él acusó a Crispo de intentar seducir a su madrastra, Fausta, y los mataron a ambos.

A pesar de su mano firme, Constantino no podía controlar todo. No pudo manejar la iglesia de la manera que quería. Influyó en la doctrina oficial establecida en Nicea, pero las mentes y la fe de la gente común estaban más allá de su poder. Los herejes como Ario obtuvieron el apoyo de muchos, a pesar de que previamente habían sido desterrados de la iglesia. Constantino nunca estuvo seguro de qué facción dentro de la iglesia tenía razón y siempre estuvo interesado en apoyar a la que era más fuerte y más popular. Al final, fue bautizado por el obispo Ario llamado Eusebio. Tratando de fortalecer su posición, Constantino volvió a perseguir la gloria militar. En 337, fue a atacar a los persas, pero no pudo hacerlo. Estaba demasiado enfermo para pelear esa batalla. Consciente de que se estaba muriendo, necesitaba la bendición de último minuto. El emperador que tuvo un gran impacto en la historia al abrazar el cristianismo, fue bautizado justo antes de su muerte.[xlv] Fue enterrado "igual que los apóstoles" en la lujosa Iglesia de los Santos Apóstoles en Constantinopla.

Capítulo 3 - De la muerte de Constantino a la caída del Imperio Occidental

Aunque el imperio había sido transformado profundamente durante los reinados de Domiciano y Constantino, los ciudadanos tanto de occidente como de oriente continuaron identificándose como romanos. Algunos de ellos eran cristianos, pero el paganismo también persistió. Los templos de la antigua religión estatal estaban llenos, al igual que las iglesias. El cristianismo era legal, pero aún no se había convertido en la fe oficial del imperio. Pero ese no fue el único problema que Constantino dejó sin resolver.

Al difunto emperador no le importaba quién lo sucedería mientras (como hemos visto en el capítulo anterior) que nadie intentara reemplazar mientras aún estaba vivo. Ahora que había muerto, sus tres hijos, Constantino II, Constancio II y Constantes, dividieron el imperio entre ellos, pero poco después, comenzaron a matarse entre sí para tomarlo todo. Al mismo tiempo, Constancio II, que era el más capaz de los hermanos, logró deshacerse de cualquiera que pudiera decir que tenía una gota de la sangre de su padre, con la excepción de un primo más joven llamado Juliano, que no parecía ser una gran amenaza. Luego, después de tres años, Constancio II invadió el área controlada por su hermano menor, y comenzó otro período de guerra civil.

El apóstata Juliano: Zeus contraataca

El pequeño Juliano (Flavio Claudio Juliano, más tarde conocido como Juliano el Apóstata), que tenía solo cinco años cuando sus primos mayores estaban ocupados luchando entre sí, pasó sus primeros años bajo una especie de arresto domiciliario. Incluso cuando creció, no mostró ambiciones imperiales. Juliano solía leer los clásicos griegos y romanos cuando era niño, y cuando cumplió diecinueve años, logró obtener permiso para viajar y continuar sus estudios del mundo clásico. Viajó de Pérgamo a Éfeso, aprendió filosofía, rechazó el cristianismo en secreto y abrazó el neoplatonismo, una escuela de pensamiento basada en la interpretación de la filosofía platónica de Plotino. Juliano tuvo cuidado de mantener oculta su apostasía, y se mostró a sus maestros cristianos como el más piadoso de los hombres. Pero había llegado el día en que ya no podía continuar con su vida de erudito. El emperador lo necesitaba.

Mientras tanto, Constancio II logró deshacerse de sus hermanos y tomar todo el imperio. Pero Roma tenía demasiados enemigos, y era demasiado difícil para un solo gobernante controlarlo todo. Los bárbaros estaban invadiendo los territorios del norte, pero él necesitaba luchar contra Persia. Irónicamente, ahora que todos sus hermanos habían sido asesinados, necesitaba desesperadamente a alguien de su sangre para cuidar otros frentes. Entonces, llamó a Juliano, le dio el rango de César (emperador menor), le dio 360 hombres absolutamente incapaces y lo envió a la Galia.

Juliano (quien "solo sabía orar"[xlvi]), era un erudito introvertido, y tenía cero experiencia militar. Nadie realmente esperaba que lograra nada, pero estaban equivocados. Durante los cinco años que pasó en la Galia, logró organizar el ejército local, expulsar a los bárbaros, liberar a veinte mil prisioneros, llevar la paz a la provincia, derrotar a las tribus germánicas en su propio territorio, tomar a su rey como prisionero de guerra y enviarlo a Constantinopla en cadenas.

Constancio se sintió amenazado por la victoria de su primo joven y al instante exigió que se le enviaran dinero y tropas de la Galia para que lo enviaran como apoyo contra los persas. Los hombres de Juliano no querían dejar a sus familias e irse al este, por lo que se amotinaron. Los soldados se reunieron durante la noche, rodearon el palacio de Juliano, lo aclamaron como Augusto y le exigieron que los guiara contra Constancio. Habiendo recibido una señal de Zeus (como él afirmó), Juliano aceptó, y casi comenzó otra guerra. Como ya no necesitaba fingir que era cristiano, Juliano envió manifiestos a todas las ciudades importantes para restaurar la religión tradicional romana. Pero luego se difundió la noticia de que Constancio murió de una enfermedad. Juliano llegó a Constantinopla, donde fue recibido con entusiasmo por las multitudes y por el Senado.

Pero Juliano no estaba feliz. Veía decadencia, codicia y falta de disciplina en todas partes. El imperio estaba enfermo, y él culpó al cristianismo, con sus atributos "femeninos" de bondad y perdón que reemplazaron el tradicional sentido romano de honor y deber, como la causa principal de esta decadencia.

Juliano fue lo suficientemente inteligente como para darse cuenta de que la persecución no funcionaría, por lo que publicó un edicto de tolerancia. Pero al mismo tiempo, proclamó el paganismo romano tradicional como una religión superior. Reabrió los templos en todo el imperio y probó varias medidas sutiles, y algunas menos sutiles, para persuadir a la población de que volviera a la antigua religión, pero sin éxito. Luego llegó a la idea de imponer sus ideas mediante una gran victoria militar, tal como lo había hecho Constantino al ganar la batalla del Puente Milvio.

Juliano el apóstata [xlvii]

Decidido a destruir el cristianismo, Juliano envió mensajeros para pedirle al oráculo en Delfos una profecía. La respuesta no fue lo que esperaba. Las palabras del oráculo fueron: "Dile al emperador que mi salón se ha derrumbado. Febo ya no tiene su casa, ni su bahía mánmica, ni su primavera profética; el agua se ha secado". [xlviii]

Nunca sabremos con certeza si esta profecía fue auténtica o si fue hecha por cristianos contemporáneos, pero no fue la única señal de que las cosas no terminarán bien para Juliano. Él ordenó la reconstrucción del antiguo templo judío en Jerusalén solo para demostrar que Cristo estaba equivocado cuando profetizó que el templo no sería restaurado hasta el final de los tiempos. Pero las obras se interrumpieron dos veces, una por un terremoto y la segunda por un incendio que quemó toda la estructura. Como si esto no fuera suficiente, el emperador se estaba volviendo cada vez más impopular, especialmente después de que cerrara una catedral cristiana y usara el oro para pagar a su ejército. Sin embargo, no estaba dispuesto a rendirse.

En la primavera de 363, marchó hacia el este para atacar a Persia. Su ejército era un ejército romano propio, enorme y poderoso, y entró fácilmente en el territorio persa. Pero la capital persa de Ctesifón estaba rodeada de altos muros. No pudieron entrar, pero tampoco pudieron quedarse. El calor era insoportable para los romanos, y surgió la noticia de que venía un gran ejército persa, por lo que Juliano abandonó el asedio renuentemente. Unos meses más tarde, los persas atacaron, y Juliano acabó siendo herido fatalmente. Juliano fue el último emperador romano pagano y los intentos de restaurar el mundo antiguo terminaron con él. También fue el último emperador de la dinastía de Constantino, y ahora el camino estaba abierto para una nueva línea.

Mayor decadencia: Valentiniano, Valente y Graciano

El mundo siguió cambiando y el Imperio romano pronto fue inundado por tribus germánicas que no venían como invasores, sino como colonos que querían refugiarse de los hunos, la nueva fuerza que los asustaba incluso a ellos. Sin embargo, no estaban dispuestos a asimilar y aceptar la cultura romana, y los patrones sociales cambiaron. Al mismo tiempo, el imperio era gobernado por un emperador incompetente tras otro.[xlix] Después de que Juliano se asfixiara al dejar un brasero encendido en su tienda durante la noche, sus sucesores, Valentiniano y Valente, volvieron a dividir el imperio. Valentiniano gobernó occidente durante once años antes de morir, dejando a un hijo llamado Graciano como su heredero. Graciano era demasiado joven y cayó bajo la influencia de su tío.

Valente hizo un trato con los doscientos mil visigodos y ostrogodos que querían establecerse en el territorio romano. Los recién llegados recibirían tierras en Tracia y proporcionarían tropas. Pero eso no terminó bien. Las grandes tensiones entre los locales y los recién llegados aumentaron y, en 378, Valente y Graciano conjuntamente (pero sin un informe preciso o un plan adecuado) atacaron a los godos cerca de Adrianópolis. Los romanos se agotaron de la larga marcha y fueron torturados por el calor, y los godos mataron a dos tercios de ellos. Esta fue una catástrofe que permitió que cada tribu bárbara entrara al imperio e hiciera lo que quisiera, y así lo hicieron. Los godos incluso se extendieron hacia el este y amenazaron a Constantinopla. La situación era casi imposible de manejar.

Teodosio al rescate

Ahora que Valente estaba muerto, el emperador occidental, Graciano, nombró a su mejor general, Teodosio, como el emperador de la mitad oriental del imperio. Decenas de miles de soldados con experiencia murieron en el desastre de Adrianópolis, y Teodosio tuvo que encontrar algo de sangre fresca rápidamente. Puso a casi todos en servicio, y finalmente dejó entrar a las tropas bárbaras. Básicamente confirmó el arreglo hecho por Valente, pero lo hizo más inteligente, prestando más atención a los detalles. Funcionó en este momento, aunque dejó consecuencias desastrosas que se harían visibles dentro de una generación: la caída de Roma y el comienzo de la Edad Oscura en el Imperio romano de Occidente.

En 382, en su camino a Tesalónica, Teodosio cayó enfermo y parecía que iba a morir. Al igual que Constantino, él quería lavarse las manos y ser bautizado antes del final de su vida. Sin embargo, después del bautismo, se recuperó. Esto trajo un cambio profundo en la forma en que gobernó el imperio. Ya no podía matar a inocentes o ignorar los problemas dentro de la iglesia. Se ocupó de la herejía arriana y, poco después, del paganismo dentro del imperio. A instancias de su mentor religioso, el obispo Ambrosio de Milán, Teodosio finalmente cerró los templos públicos y renunció al título de Pontífice Máximo, el principal sacerdote de la religión tradicional romana, anteriormente poseído por todos los emperadores romanos desde Augusto. Realmente no estaba dispuesto a hacerlo, pero se vio obligado a hacerlo. Después de matar a unos pocos miles de civiles para reprimir un motín en Tesalónica, Ambrosio no permitió que Teodosio entrara en la Iglesia hasta que hiciera la expiación. Tardó meses, pero eventualmente, Teodosio se disculpó y realizó la penitencia.

Poco después, puso fin a todas las cosas paganas, desde los Juegos Olímpicos, hasta el Oráculo de Delfos y el Templo de Vesta. Las vírgenes vestales fueron despedidas y el fuego eterno se extinguió. En 391, Teodosio hizo oficialmente el cristianismo, que también había evolucionado y aceptado algunas características romanas ya en este punto, la única religión en el imperio.

El saqueo de roma

Los sucesores de Teodosio no eran lo suficientemente fuertes para lidiar con los elementos "bárbaros" en el imperio, y las tribus germánicas y otras lograron un poder enorme. Las personas que controlaban ejércitos tenían más influencia que los emperadores del este y el oeste. Roma estaba bajo el mando de un general de origen vándalo llamado Estilicón, aunque también había un emperador (Honorio). En realidad, fue bastante conveniente, porque Estilicón era un comandante brillante, capaz de sofocar revueltas e invasiones de bárbaros germánicos. Pero, desafortunadamente, ni el Senado en Roma, ni los funcionarios públicos en Constantinopla lo apoyaron. Cuando trató de sobornar al rey visigodo Alarico en lugar de luchar contra él (lo cual fue una decisión razonable que podría salvar muchas vidas romanas y posponer una catástrofe), el emperador Honorio se convenció de que Estilicón había traicionado a Roma. El poderoso general fue asesinado, e Italia estaba indefensa. Así, en 401, el ejército de Alarico invadió Italia. Los godos escalaron las siete colinas de Roma y arruinaron la ciudad. Honorio escapó a Rávena, y los ciudadanos de Roma y las provincias occidentales, como Britania, fueron dejados a su suerte.

Los Hunos

Constantinopla todavía estaba a salvo. El Imperio oriental mantuvo los derechos universales y divinos del imperio. En cuanto a occidente, estaba condenado. Alarmado por el saqueo de Roma, el nuevo emperador del este, Teodosio II, ordenó construir enormes muros alrededor de Constantinopla. Alarico murió poco después y ya no representaba una amenaza, pero esos muros sirvieron bien a los emperadores orientales durante otros mil años. De hecho, de inmediato resultaron muy útiles. Mientras tanto, una nueva horrible amenaza vino de Asia: Atila y los hunos. Los hunos dieron un nuevo significado a la palabra "incivilizado". Dormían en sus caballos, nunca se cambiaban de ropa, nunca se bañaban ni cocinaban su comida. Eran tan aterradores que las personas de todo el imperio llamaban a Atila "El Azote de Dios".

Constantinopla se vio obligada a dejar que los hunos entraran en el territorio romano y dar a Atila enormes riquezas para dejarlos en paz. Pero unos meses después volvieron por curiosas circunstancias. La hermana del emperador, Honoria, hizo todo lo posible por escapar de un matrimonio forzado con un senador. Cuando todos sus intentos anteriores fallaron, ella envió una carta y un anillo a Atila, quien luego vino a tomar lo que le pertenecía.

No quedaba nadie en Roma para resistir a Atila o tratar de persuadirlo para que perdonara la ciudad, excepto el Papa León. Los dos hombres se reunieron y hablaron, y los hunos abandonaron la ciudad. A la mañana siguiente, Atila fue encontrado muerto en su tienda.

La caída final del imperio occidental y la resistencia del este

Atila murió, y los hunos ya no amenazaron al Imperio romano, pero el verdadero enemigo todavía estaba allí, y no solo estaba integrado en la sociedad, sino que también lo controlaba. Los bárbaros estaban justo detrás del trono, ejerciendo el poder y controlando a los emperadores. Cuando el emperador Valentiniano III decidió deshacerse de su maestro bárbaro, él también fue asesinado. Su viuda pidió a los vándalos que vinieran a ayudar a los romanos. Vinieron, saquearon Roma y se llevaron consigo a la emperatriz a Cartago.

Al mismo tiempo, Constantinopla estaba bajo el control del General de Sarmacia, Aspar, y su títere emperador, llamado León. Pero León no estaba contento con su estado y estaba buscando la manera de derrocar a su maestro, pero no de la forma en que lo hizo Valentiniano en occidente. En cambio, encontró una manera de quitarle el control militar. Con la ayuda del General Isauriano, Tarasicodissa, logró acusar a Aspar de traición. A su vez, Tarasicodissa, ahora helenizada y renombrada a Zenón, recibió la mano de la hija de León y el poder necesario para resistir a Aspar.

Mientras tanto, León decidió subyugar al reino vándalo del norte de África, y utilizó todos los recursos disponibles para equipar al ejército. Sin embargo, el comandante a cargo era la peor opción posible: su cuñado, llamado Basilisco, que aterrizó lejos de Cartago, destruyó accidentalmente la flota, destruyó el ejército, entró en pánico y huyó.

León fue sucedido por Zenón en 474, pero Basilisco y su hermana, Verina, pronto lo derrocaron, y el vergonzoso comandante se hizo cargo del trono. Pronto demostró que su capacidad para gobernar estaba a la par con su capacidad para liderar un ejército. Sus acciones provocaron una rebelión masiva. Entonces Zenón regresó con un ejército. Los generales de Basilisco con gusto cambiaron de bando, y también lo hizo el Senado.

Mientras Zenón estaba ocupado restableciendo la estabilidad en el Imperio romano oriental, el occidente colapsaba. En 476, un general bárbaro, Odoacro, envió al emperador adolescente Rómulo Augústulo al exilio. Odoacro cogió la corona y el cetro y se los envió a Zenón. El emperador del este no estaba dispuesto a ayudar al general bárbaro a tomar occidente, pero tampoco podía luchar contra él. Finalmente, se le ocurrió un gran plan; le dio autoridad al rey ostrogótico Teodorico (que en ese momento estaba causando un desastre en los Balcanes) para gobernar el oeste. Los godos abrumaron a Odoacro y se establecieron en Italia. Al mismo tiempo, el Imperio oriental finalmente se liberó de cualquier influencia bárbara interna. Zenón logró restablecer la estabilidad, pero no logró vivir lo suficiente para ver la nueva era que comenzó gracias a su esfuerzo.

Capítulo 4 - La era de Justiniano, el gobernante más grande del Imperio bizantino

El sucesor inmediato de Zenón fue Anastasio I, quien estableció algunos patrones nuevos y sostenibles de gobierno, burocracia y desarrollo económico en el Imperio oriental, reformó el sistema de impuestos, introdujo una nueva moneda, minimizó la corrupción y dejó un considerable superávit presupuestario. Murió sin hijos y, en 518, un heredero poco probable llegó al trono. Justino provenía de una familia campesina de Tracia, se unió al ejército en Constantinopla y ascendió al puesto de comandante de la guardia de palacio. Ahora, con el apoyo de los militares (alentado por las donaciones en plata), se convirtió en el emperador. Justino tenía 70 años en ese momento y no estaba educado adecuadamente para dirigir un estado, pero su sobrino e hijo adoptivo, Petrus Sabbatius, era bastante joven (36) y bien educado. Petrus agradeció todo el apoyo que recibió de su tío, que incluía la mejor educación disponible, y cambió su nombre a Justiniano.

Consciente de su poder como hijo adoptivo del emperador, Justiniano estaba entusiasmado con la adopción de una política exterior más agresiva. Sus dos objetivos principales eran retomar occidente y liberar a Roma de los bárbaros, restaurar las relaciones con el papado y reunir a la iglesia. La noticia inquietó al rey gótico en Italia, que sabía que su gobierno se estaba desmoronando. Sin embargo, Justiniano no tenía prisa. Pasó muchos días viendo carreras de carros en el Hipódromo, donde él, a diferencia de los gobernantes anteriores a él, apoyó abiertamente a "los Azules" contra "los Verdes". Su pasatiempo le permitió conectarse con la vasta red de ciudadanos que apoyaban al mismo equipo, por lo que sabía mejor que nadie lo que estaba sucediendo en la ciudad en todos los niveles. Esas personas le dieron mucha información valiosa, y más: le presentaron a una bella actriz joven (la palabra "actriz" era sinónimo de "prostituta" en aquel entonces) llamada Teodora. Se enamoró locamente de ella y, a pesar de su estatus de "una dama del escenario", se casó con ella con el consentimiento de su tío emperador benevolente.

Justino seguía siendo el emperador, pero era Justiniano quien tomaba todas las decisiones. Ofreció apoyo a los pueblos vecinos que lucharon bajo las tiranías de sus amos. Los emisarios de toda la región se reunieron en Constantinopla. La ciudad se convirtió virtualmente en el centro del mundo. Los reyes vasallos leales al rey de Persia cambiaron de bando rápidamente, alentados por el apoyo de Constantinopla. Además, un ejército bizantino dirigido por el guardaespaldas de Justiniano llamado Belisario, invadió la Armenia persa. Esta fue solo la primera acción en la línea de acciones expansionistas que pronto tendrían lugar.

La Coronación de Justiniano y Teodora

En 527, ahora gravemente enfermo, Justino, incitado por el Senado, coronó a Justiniano como co-emperador. A finales de año, Justino estaba muerto y el imperio pertenecía a Justiniano y Teodora. Eran muy diferentes de cualquiera que hubiera estado alguna vez en el trono del Imperio romano. La coronación en Santa Sofía fue lujosa y anticipaba una nueva era de gloria.

Justiniano creía que el Imperio romano no estaba completo sin Roma. Había un solo Dios en el cielo, y también debería haber un solo imperio en la tierra. Como era el emperador, era su responsabilidad restaurar el orden celestial y recuperar esos territorios occidentales.

Justiniano I el Grande [1]

La ley romana

Aunque admirado por sus objetivos y acciones imperiales, Justiniano no era realmente popular. Su política incluía acciones militares y proyectos de construcción costosos, y todo provenía de impuestos. Incluso los ricos y privilegiados no pudieron seguir escapando de sus compromisos, lo que aumentó la hostilidad entre la nobleza y el emperador. Justiniano favoreció a los individuos pragmáticos sobre los de sangre azul y se rodeó de unos cuantos hombres extremadamente capaces. Uno de ellos fue Triboniano, un increíble abogado que conocía las leyes y edictos romanos como nadie en el imperio.

En ese momento, la ley romana era un desastre. A pesar de que todo era simple en los albores de la civilización, las cosas habían cambiado seriamente durante los últimos mil años, lo que trajo numerosos precedentes contradictorios, interpretaciones conflictivas y exenciones especiales. Ninguno de ellos fue escrito en un solo lugar. Entonces, Juliano decidió sistematizar la ley romana, eliminar repeticiones e inconsistencias, y crear un código legal completo, el primero en la historia imperial. Triboniano lo hizo realidad; produjo el códice que se convertiría en la base de la mayoría del sistema legal que todavía utilizamos hoy.[li]

Belisario, el General Superior

En 528, los persas atacaron de nuevo, esta vez con un ejército grande e intimidante. Las fuerzas bizantinas dirigidas por el general Belisario no solo las derrotaron, sino que también formaron parte de Armenia. La guerra finalmente había estallado con Persia, y él había estado ocupado reorganizando el ejército del este. El anciano rey persa envió un gran ejército para aplastar a los romanos, pero Belisario lo derrotó con su estilo característico, e incluso logró conquistar parte de la Armenia persa. Casi al mismo tiempo, los vándalos en el norte de África derrocaron a su rey, que era al menos formalmente un vasallo leal a Constantinopla, y enviaron algunas amenazas ofensivas. Poco después, Belisario tuvo la libertad de tratar con ellos también. Pero algo inesperado estaba sucediendo en Constantinopla.

La rebelión de Nika

Mientras Justiniano estaba pensando en reconquistar los territorios romanos, Constantinopla estaba al borde de una rebelión. Los altos impuestos y los funcionarios corruptos hicieron que las turbas se enojaran, pero hubo una gota que derramó el vaso. Los Azules y los Verdes ocasionalmente causaban incidentes, casi como los hooligans del fútbol de hoy en día, y Justiniano restringió sus privilegios. Luego, durante los idus de enero, alguien de la multitud comenzó a maldecir a Justiniano. El emperador respondió con dureza e hizo que la multitud se pusiera furiosa, lo que lo obligó a retirarse al palacio. Cuando el Hipódromo estuvo abierto para nuevos juegos tres días después, treinta mil personas comenzaron a gritar "¡Níka!" ("¡Conquista!"). Justiniano tuvo que huir de nuevo, y las masas salieron a las calles, entraron en las cárceles y luego los convictos se unieron a ellos también.

La policía imperial no pudo hacer frente a la situación. Los aristócratas estaban ansiosos por ver derrocado al emperador, y les dieron las armas a los alborotadores. La ciudad estaba en llamas. Los asesores del emperador le aconsejaron que escapara mientras todavía pudiera, pero la emperatriz levantó la voz y no estuvo de acuerdo, afirmando que un emperador no puede permitirse convertirse en un fugitivo.[lii] Entonces surgió la solución. Belisario acababa de regresar de Persia y aún no había sido enviado a África. Él fue capaz de cuidar de Constantinopla. El poderoso general tomó a sus hombres y salió a las calles. La gran mayoría de los manifestantes se reunieron en el Hipódromo, donde el ejército los mató a todos. Treinta mil hombres murieron, y la ciudad quedó en un silencio mortal.

Posteriormente, diecinueve senadores que apoyaron a los manifestantes fueron asesinados y arrojados al mar. Nadie se atrevió nunca más a causarle problemas a Justiniano.

La era dorada bizantina

El desastre en el hipódromo también fue una oportunidad. Justiniano comenzó un gran programa de construcción que transformó la ciudad en una metrópolis verdaderamente magnífica. Un nuevo y extravagante edificio del Senado reemplazó al que fue quemado. Se construyó una enorme cisterna subterránea para proporcionar agua dulce a la gente, así como a las numerosas fuentes. El edificio más importante que se había demolido en la rebelión fue la Santa Sofía. La iglesia fue construida por Constancio II y reconstruida por

Teodosio II. Justiniano abandonó el antiguo proyecto e hizo quizás la catedral más impresionante jamás construida.

Santa Sofía hoy (adaptada en una mezquita), Estambul, Turquía [liii]

Belisario retoma las provincias

Después de restablecerse la paz doméstica y las obras de construcción casi completas, Justiniano se centró en sus sueños de expansión imperial. Envió a Belisario a África, pero no gastó demasiado en la campaña. Belisario tenía solo dieciocho mil hombres y las provisiones esenciales. Sin embargo, el general a cargo logró derrotar a los vándalos en África, principalmente gracias a una disciplina notable. Cartago fue reconquistado y una vez más romano.

Justiniano concedió un triunfo a su general favorito y lo envió de inmediato a Sicilia. Al mismo tiempo, otro general fue enviado al norte de Italia. Belisario triunfó, pero el otro general que iba a apoyarlo desde el norte desafortunadamente fracasó y fue asesinado, lo que obligó al ejército, sin nadie que los comandara, a retirarse.

Pero al año siguiente, Belisario entró en Roma. Su logro fue increíble, pero solo tenía cinco mil hombres. Después de algunas acciones dramáticas, le escribió a Justiniano pidiendo más hombres. Sin embargo, su petición de refuerzos fue interpretada como una intención de Belisario para tomar el trono. Solo le enviaron unos pocos miles de hombres y, aun así, en solo cinco años sometió a miles y devolvió a África e Italia al imperio. Podría haber sido capaz de retomar España y la mayor parte de Europa occidental si no hubiera sido por la emperatriz, que creía que el general era demasiado poderoso como para confiar en él.

Los tiempos difíciles: la plaga

Cuando Justiniano finalmente envió refuerzos a Belisario, estaba compuesto por siete mil hombres dirigidos por un anciano general llamado Narsus. Narsus era una figura influyente, y socavó gravemente la autoridad de Belisario. El ya pequeño ejército se partió por la mitad. La parte del ejército encabezada por Belisario entró en Milán, pero se le exigió que regresara al Imperio oriental y luchara contra los persas. Cuando esta campaña terminó, no hubo necesidad de más guerra. Todos los enemigos, incluidos los vándalos y los godos, quedaron incapacitados. El Imperio bizantino era más poderoso que nunca, pero el período de prosperidad fue breve. Surgió un enemigo nuevo y muy diferente. Las ratas portadoras de pulgas infectadas con peste llegaron a Egipto, la principal fuente de grano imperial, y la enfermedad se extendió por todo el imperio. En Constantinopla, diez mil personas al día estuvieron muriendo por un período de cuatro meses. Cuando la plaga finalmente terminó, la población tuvo que enfrentar el hambre y la pobreza.

Cuando la enfermedad se extendió por todo el imperio, Belisario estaba a salvo en la frontera persa. Pero Justiniano fue herido por la enfermedad. Teodora temía que Belisario tomara el trono si Justiniano moría, y utilizó su poder para desterrar al general en desgracia, acusándolo de traición.

Los persas aprovecharon la oportunidad para atacar al imperio debilitado, pero solo lograron acabar infectados. Al mismo tiempo, los godos se apoderaron de Italia una vez más, y Belisario no pudo resistirlos. Mientras tanto, Justiniano se recuperó, llamó a Belisario y lo envió a Italia una vez más, seguido de tan solo cuatro mil hombres, solo para descubrir que la gente en Italia no quería pagar impuestos al imperio empobrecido. Justiniano se quedó sin opciones.

Poco después, Teodora murió. Justiniano volvió a llamar a Belisario, le regaló un lujoso palacio y construyó una estatua en su honor. Luego envió al general Narsus, que previamente había socavado la autoridad de Belisario en Italia, con un gran ejército para reclamar la victoria en Roma, y otro, Liberio, para retomar España.

Sin embargo, los planes imperiales de Justiniano tuvieron que ser suspendidos. La plaga volvió, seguida de un terremoto. El estado empobrecido y el número drásticamente reducido de hombres que podían servir al ejército no eran suficientes para proteger las fronteras. Pronto los hunos comenzaron a entrar en el territorio bizantino, y solo Constantinopla estaba a salvo gracias a sus muros y defensas naturales. Por suerte, Justiniano todavía tenía a Belisario, que continuaba siendo igual de brillante que antes. El general dirigió a unos cientos de guardias y veteranos, aplastó a los hunos y los expulsó del territorio. Pero también inspiró los celos en su emperador, quien de repente disparó a Belisario y tomó el mando del ejército.

Finalmente, Justiniano logró recuperar a Roma y mantener la paz hasta el final de su vida y reinado. Fue el último emperador romano en hablar latín como su primer idioma, y uno de los más grandes visionarios que el imperio haya tenido.[liv]

Capítulo 5 - Heraclio

Los emperadores que, sucesivamente, llegaron después de Justiniano, Justino II, Tiberio II Constantino, Mauricio y Focas, no son dignos de mencionar. Occidente se perdió de nuevo, esta vez para siempre, y el este vivió su vida más o menos como lo hacía antes. Las empresas prosperaban, los comerciantes viajaban por los caminos construidos por los emperadores anteriores y los estudiantes aprendían en las universidades. Incluso las clases más bajas estaban algo relajadas durante el tiempo de paz, que desafortunadamente no duró.

En el siglo VI, las guerras y los desastres dificultaron la vida de todos, especialmente de los pobres. Las pequeñas granjas fueron tragadas por grandes terratenientes con el consentimiento o la indiferencia del emperador. Los impuestos se recaudaban diligentemente de los pobres, mientras que los aristócratas gozaban de injustas exenciones fiscales. Los emperadores lideraban guerras sin sentido, sus ejércitos destruían todo en el camino, tal como lo habían hecho antes los ejércitos bárbaros. La gente detestaba a los emperadores lejanos de Constantinopla y no los veía como sus verdaderos líderes. Las revueltas se volvieron comunes. A finales del siglo VI, el imperio estaba al borde del colapso. Un usurpador mentalmente enfermo llamado Focas tomó el trono. Los ejércitos estaban desorganizados. Los bienes fueron robados. Las tribus esclavas invadieron los Balcanes. El desorden y la pobreza estaban en todas partes. Pero había una parte del imperio que todavía estaba prosperando: el norte de África. El Senado en Constantinopla vio eso como una posibilidad y escribió en secreto al emperador del norte de África, pidiéndole que tomara el control del ejército bizantino y salvara al imperio de la miseria.

El gobernador de Cartago era un hombre mayor y no estaba interesado en grandes acciones, pero su hijo Heraclio sí lo estaba. Tomó una flota y se fue a Constantinopla. No tuvo problemas para tratar con Focas; la mafia ya lo había linchado tan pronto como notaron que el nuevo emperador se acercaba en 610. Pero el imperio tenía otros problemas más serios: los persas habían invadido Armenia y Mesopotamia, gran parte del territorio central bizantino y partes de Egipto. Incluso la plaga había vuelto. Difícilmente podría ser peor. Entonces los refugiados del este trajeron noticias de que los persas habían tomado Jerusalén y matado a todos sus hombres. En 619, los persas saquearon Egipto. Ya no había pan gratis para la gente de Bizancio. El imperio no tenía dinero para pagar a los soldados, y Heraclio se dirigió a la iglesia. El patriarca Sergio le entregó todos los tesoros de la iglesia, incluidas las placas de oro y plata.

La guerra contra los persas

Heraclio no se apresuró a luchar contra los persas. Escondido detrás de los muros de Constantinopla, reorganizó sistemáticamente el ejército. Le llevó diez años, pero el resultado fue notable. El ejército que dejó la seguridad de la ciudad en 622 se sintió confiado e inspirado por un gran liderazgo. Lanzaron un ataque sorpresa desde el mar y aplastaron a los persas con una facilidad increíble. Luego los bizantinos fueron al lugar sagrado de los persas en el actual Azerbaiyán y quemaron el templo de Zoroastro, vengando a

Jerusalén. Pero la posición de este valiente ejército era peligrosa. Fueron superados en número y podían ser fácilmente rodeados por todos lados, y no quedaba nadie para proteger a Constantinopla.

Heraclio tomó la decisión de dividir el ejército en tres partes: una era para defender la capital y las otras dos para invadir diferentes partes del Imperio persa. La fracción liderada por el hermano de Heraclio, Teodoro, obtuvo una gran victoria; Heraclio ganó otra, entró en Ctesifonte y devolvió la Verdadera Cruz, aquella que los persas habían robado de Jerusalén. Los años en que Persia causó el terror se acabaron de una vez por todas. El Imperio bizantino finalmente tuvo el glorioso emperador que se merecía.

Cambios culturales

En la época de Heraclio, muy pocas personas sabían el latín. El griego era ahora el idioma oficial del imperio. Incluso los emperadores, que solían ser aclamados como Imperator César y Augusto, ahora tenían el título de Basileo.

En 630, Heraclio fue a Jerusalén para devolver la Cruz Verdadera a donde pertenecía. Todavía tenía que descubrir que la iglesia no era única, y que era una verdadera debilidad que cualquier futuro invasor explotaría.

El ataque musulmán

En 622, cuando Heraclio luchaba contra los persas en la Península Arábiga, un hombre llamado Muhammad fue de La Meca a Medina y comenzó a matar a las tribus locales. Dividió el mundo en dos partes: Dar al-Islam (la Casa del Islam) y Dar al-Harb (la Casa de la Guerra). Sus seguidores creían que su deber era expandir la Casa del Islam a través de la santa yihad. En cinco años, los ejércitos musulmanes estaban listos para comenzar su misión. Los imperios circundantes estaban más débiles que nunca. Los persas pidieron ayuda a los bizantinos y a los chinos, pero la ayuda nunca llegó. Después de Persia, el ejército musulmán entró en la provincia bizantina de Siria, destruyó Damasco y, poco después, Jerusalén. Para entonces, Heraclio estaba gravemente enfermo y era incapaz de defender los territorios. Lo único que podía hacer en Jerusalén era llevar la Cruz verdadera con él a Constantinopla. Por el resto de su vida, Heraclio tuvo la sensación de que Dios lo había abandonado.

Gran parte de Oriente Medio sufrió un profundo cambio. El árabe reemplazó al griego, y el islam reemplazó al cristianismo. Eventualmente, Damasco y Bagdad, en lugar de Roma y Constantinopla, se convirtieron en el centro del mundo para ellos. En cuanto al Imperio bizantino, no había nadie capaz de reemplazar a Heraclio en el trono. Los siguientes cinco gobernantes fueron menores de edad y sin ninguna influencia real. Luego vino el período conocido como la Anarquía de los Veinte Años. Numerosos usurpadores lucharon entre sí, empujando al imperio a un mayor caos. La mayor parte del este había caído bajo la espada islámica, incluyendo todo Egipto. Incluso Constantinopla estaba en peligro, pero con el tiempo surgió un nuevo gobernante competente que consolidó la fuerza bizantina.

Capítulo 6 - Los iconoclastas: León III el Isauriano y Constantino V

A finales del siglo VII, las fuerzas musulmanas sostuvieron tres de las cinco grandes ciudades cristianas: Jerusalén, Alejandría, Antioquía y virtualmente todas las capitales importantes en el este.[lv] Constantinopla ya no era invencible: los musulmanes habían construido una armada lo suficientemente poderosa como para derrotar a los bizantinos. Aterrado, el emperador y todo el gobierno se mudaron de Constantinopla a Sicilia. Lo único que impidió que los árabes destruyeran por completo a Constantinopla fue una guerra civil entre sus líneas, una que aún no ha terminado, entre los chiitas y los sunitas.

El próximo objetivo de las fuerzas del islam fue Afganistán. La administración bizantina regresó a Constantinopla, pero los musulmanes continuaron abrumando sus fuerzas. Siracusa en Sicilia fue destruida, y los árabes rápidamente conquistaron el norte de África. Determinado a terminar con Constantinopla, el califato árabe lanzó ataques anuales contra la ciudad, que ahora estaba expuesta desde el mar. El ejército islámico invadió la isla de Rodas, ubicada frente a Constantinopla. Solo un milagro podía salvar a los cristianos. Pero entonces, un refugiado sirio de Heliópolis, llamado Calínico, inventó el "fuego griego", un líquido extremadamente inflamable (la fórmula exacta se mantuvo como secreto de estado y nunca se reveló), que se liberó en la flota enemiga desde grandes distancias. Las bolas de textiles se empaparon y se lanzaron a los barcos, que se quemaron uno tras otro, y el agua de mar solo empeoró las cosas para ellos. Constantinopla fue salvada.

Desafortunadamente, el resto del imperio estaba totalmente desprotegido, y cayó rápidamente. A principios del siglo VIII, las fuerzas islámicas tomaron España. Pronto se sintieron lo suficientemente fuertes como para intentarlo de nuevo y finalmente invadir Constantinopla.

Mientras tanto, un hombre de Siria llamado Konon vio su oportunidad y, en medio del caos, tomó el trono y cambió su nombre a León III. Gracias a su experiencia en la lucha contra los árabes y el invierno más frío en muchos años, el ejército musulmán fue vencido y obligado a regresar a Damasco.

La iconoclasia bizantina

El Imperio bizantino había sufrido terribles pérdidas. Dos tercios del territorio y la mitad de la población habían desaparecido. El imperio que una vez fue dominante se limitó a Asia Menor, que ahora era más pobre y más débil que nunca. Los musulmanes insistieron en que Cristo era solo un profeta ordinario y, por un momento, parecía que Dios estaba de su lado. ¿Había algo que los musulmanes estaban haciendo bien y los cristianos mal? ¿Por qué había retirado Cristo su mano protectora? ¿Había algo que había enojado a Dios? Todos reflexionaron sobre esas preguntas, y el emperador logró identificar una sola cosa que podía causar tal destrucción.

En realidad, había un mandamiento divino que los musulmanes seguían a fondo y los cristianos no. La adoración de los íconos se parecía cada vez más a la veneración pagana de los ídolos. Tan pronto como tuvo la idea, León III estaba seguro de que el imperio estaba siendo castigado por el pecado de la idolatría y estaba decidido a hacer lo que fuera necesario para que el pecado y el castigo cesaran de inmediato. En 725, en Santa Sofía, dio un sermón que cambió la historia. Afirmó que los musulmanes conquistaron las tierras baldías gracias a su estricta prohibición de todas las imágenes. Los bizantinos, por otro lado, eran culpables de herejía. Luego ordenó que se destruyera el magnífico ícono dorado de Cristo que estaba colocado en la puerta principal del Gran Palacio, justo encima de los mosaicos que celebran las victorias de Justiniano y Belisario. Era solo el principio.

El derribo del ícono de Cristo provocó indignación pública, y un grupo de mujeres linchó al oficial a cargo. Disturbios ocasionales no pudieron detener al emperador, que gozaba de gran autoridad en el ejército, gracias a sus numerosas victorias. Pero el Papa en occidente, así como Europa occidental en su totalidad, se molestó por tales acciones del emperador oriental. No queriendo renunciar a su herencia artística y sin darse cuenta de las profundas razones detrás de todo esto (la Europa occidental medieval estaba protegida detrás del escudo bizantino y felizmente ignoraba el peligro de la expansión árabe), el Papa condenó las acciones del emperador que interfería con las enseñanzas de la iglesia. León ordenó el arresto del Papa, y el Papa excomulgó a todos los que se atrevieron a destruir un ícono. Esto llevó a la alienación más profunda entre los cristianos en la historia hasta ese momento.

En el este, innumerables imágenes fueron confiscadas y destruidas, y los mosaicos que decoraban las paredes de las iglesias estaban cubiertos de colores sólidos. Muchas imágenes encontraron su camino hacia el oeste. Los monjes abandonaban los monasterios, llevándose consigo sus íconos. El emperador, sin embargo, era imparable. León III estaba ganando una batalla tras otra, y en 740 expulsó completamente a las fuerzas musulmanas, demostrando que su iconoclasia (la destrucción de los íconos) había ayudado a los bizantinos. Una pesadilla terminó y al año siguiente el emperador victorioso murió pacíficamente en su cama.

Constantino V

La situación estaba lejos de resolverse cuando el hijo de León llegó al trono. Muchos esperaban que detuviera la espantosa práctica de destruir los preciosos artefactos. Sin embargo, este emperador fue criado con una intolerancia a la idolatría, y pronto se convirtió en el iconoclasta más agresivo que castigó y humilló a los monjes e incluso a los patriarcas que intentaron resistirle, confiscó la propiedad de los monasterios más poderosos, monjes y monjas expulsados, y alojaron sus tropas en sus logias.

Constantino V tuvo una educación teológica impresionante y pudo defender sus creencias, pero todavía necesitaba una legitimación de la iglesia oficial. Así que convocó a un gran consejo, dejó que solo sus partidarios expresaran sus puntos de vista e hizo cumplir un respaldo claro de la iconoclasia. Íconos, reliquias e incluso oraciones a los santos fueron todos proclamados idolatría y prohibidos.

Al igual que su padre, Constantino V era un extraordinario comandante militar y ganó algunas batallas importantes sobre los búlgaros y los musulmanes, y su autoridad era indiscutible. Pero la iconoclasia desgarraba el imperio y, al mismo tiempo, creaba una distancia entre Asia Menor y las comunidades cristianas más grandes de todo el mundo. Debido a su celo, Constantino V había perdido la oportunidad histórica de unir a la cristiandad bajo su gobierno.

Capítulo 7 - La despiadada emperatriz Irene de Atenas

Al final de su gobierno, los logros militares de Constantino habían sido olvidados y la población lo detestaba ampliamente. El emperador iconoclasta se hizo conocido como Copronymo. Le sucedió su hijo, León, un iconoclasta moderado que intentó disminuir la tensión que su padre había creado. Sin embargo, murió demasiado pronto, posiblemente debido a la intervención de su esposa, Irene. Su hijo, Constantino VI, solo tenía diez años y era demasiado joven para el trono. Así que la emperatriz de facto gobernó el imperio.

Irene era solo una huérfana de Atenas hasta que ganó un concurso de belleza de todo el imperio, que Constantino V organizó para elegir una esposa para su hijo.[lvi] Irene fue una elección desastrosa, y pronto se convertiría en una de las gobernantes más insensatas de la historia bizantina.

Como una devota oponente de la iconoclasia, se deshizo cuidadosamente de los iconoclastas que ocupaban cargos importantes, como su marido, el emperador, y los mejores soldados y oficiales del imperio. El ejército imperial estaba tan débil y desmotivado que, cuando los musulmanes vinieron a invadir partes del imperio, los soldados simplemente se unieron a ellos. Irene terminó pagando por la paz.

El fin de la iconoclasia

El objetivo principal de la emperatriz era restaurar los íconos a la veneración. Reunió a los patriarcas de Roma, Jerusalén, Antioquía y Alejandría en la Iglesia de la Santa Sabiduría en Nicea. Los patriarcas condenaron unánimemente la iconoclasia, pero amonestaron a los creyentes a que se apartaran de la adoración.

Pero había una cosa que a Irene le importaba más que los objetivos teológicos: el poder. Debería haber terminado el período de regencia una vez que su hijo cumpliera dieciséis años. Constantino ya tenía veinte años y ella todavía no había dejado de cumplir con sus deberes. Su hijo era débil y fácil de manipular, pero ella no usó la posibilidad de gobernar desde la sombra. Ella tenía que tener el papel principal. Entonces, ella emitió nuevas monedas solo con sus imágenes. Luego emitió un decreto anunciando que, como emperadora mayor (no emperatriz), siempre sería superior a Constantino VI. Cuando algunos generales se opusieron, ella los ejecutó y mandó a su hijo a la cárcel.

Madre e hijo

Como resultado de las acciones escandalosas de la emperatriz, los militares fueron extremadamente débiles y desleales con ella. El Imperio bizantino había sufrido terribles pérdidas contra los búlgaros, los árabes y los francos. Luego los soldados se rebelaron y las masas inundaron las calles de Constantinopla, exigiendo que Irene renunciara. Constantino VI fue liberado de su celda y subido al trono, mientras su madre estaba bajo arresto domiciliario.

Irónicamente, Constantino era incompetente, poco ambicioso y ciertamente no era el tipo de gobernante que la gente había esperado. Pronto se mereció la etiqueta de un cobarde y devolvió a su madre al trono. Cuando se descubrió un complot contra ambos, Constantino demostró ser igualmente despiadado. Luego, en 797, cuando murió el hijo del emperador, Irene aprovechó la oportunidad para dar el golpe final. Constantino fue cegado y asesinado. Pero su declive también había comenzado. A pesar de que ella era la única gobernante, su ejército era inútil y el tesoro estaba vacío.

Mientras tanto en roma

El papa León III tuvo orígenes humildes, y para finales del siglo VIII, la hostilidad entre él y la aristocracia romana se hizo tan intensa que, un día, una pandilla le tendió una emboscada al Papa con la intención de cegarlo y arrancarle la lengua. El pontífice escapó milagrosamente al rey de los francos. Sus enemigos lo culparon de varias acusaciones, pero el único que tenía la autoridad para presidir tal juicio era el emperador del Imperio romano. En ese momento, el emperador a cargo en Constantinopla era Irene.

El hecho de que el emperador fuera una mujer molestaba más al papa que a su pasado inmoral. Necesitaba un tipo diferente de emperador, y se le ocurrió un plan astuto para tomar el poder del este y dárselo a sus aliados, los francos. Carlos el Grande, también conocido como Carlomagno, parecía perfecto. Ya una figura gloriosa, apareció en Roma para declarar en nombre del Papa. Luego, durante una misa de Navidad, León declaró a Carlomagno el Sacro Emperador Romano.

El Papa León actuó como si tuviera la autoridad de dar y tomar la verdadera corona del Imperio romano. Fue un movimiento audaz, y él necesitaba algún tipo de prueba. Así, creó la falsificación más infame de la Edad Media. Elaboró un documento llamado "La donación de Constantino", que establecía que el Emperador Constantino le había dado al Papa Silvestre (quien, según el documento, había curado milagrosamente a Constantino de la lepra) la autoridad sobre el Imperio occidental. Pasaron seiscientos años hasta que la falsificación fuera revelada, pero en ese momento de la historia, parecía completamente auténtico.

La gente de Constantinopla se sorprendió con la noticia de que un bárbaro analfabeto recibiera el título de Emperador Romano. El siguiente paso desde el oeste fue la oferta para que Irene se casara con Carlomagno, y ella casi aceptó. Pero esto fue demasiado para la élite oriental. Capturaron y desterraron a la emperatriz y proclamaron al ministro de finanzas como emperador. Irene murió el siguiente año en el exilio en Lesbos.

Capítulo 8 - Pequeños pasos hacia adelante: Teófilo y Miguel el Beodo

El imperio había cambiado mucho a principios del siglo IX. Los búlgaros, facultados por un gran caudillo llamado Krum, mataron a un emperador bizantino, derrocaron a otro y causaron grandes daños al ejército, la población y la tierra bizantinos. Los nuevos emperadores recurrieron nuevamente a la iconoclasia y comenzaron a quemar obras de arte, pero eso no ayudó. Carecían de los poderosos ejércitos de Constantino V y su padre.

La situación mejoró muy lentamente. En el siglo IX, el imperio se redujo a Asia Menor, Grecia y Tracia, pero la situación allí era estable. Independientemente de quién fuera el emperador actual, el gobierno era más pequeño y más eficiente. Se encontraron nuevas minas de oro, lo que resultó en una tesorería completa.

El Renacimiento cultural bajo Teófilo

Las mayores mejoras surgieron en el ámbito de la educación. El interés público en la alfabetización se estaba extendiendo y numerosas escuelas privadas estaban abiertas. A mediados del siglo noveno, Teófilo abrió la scriptoria pública y comenzó a pagar a los maestros a través de todo el imperio. La Universidad de Constantinopla recibió dos nuevas facultades. Una vez más, la ciudad fue la capital cultural de Europa.

A diferencia de cualquier otro emperador en la época medieval, Teófilo era sorprendentemente accesible. En una ocasión, incluso participó en las carreras de carros y sorprendió a los espectadores con su habilidad.

Este emperador también tenía el hábito de caminar disfrazado por las calles de Constantinopla, y una vez a la semana iba a diferentes ciudades y hablaba con la gente, animando a cualquiera a buscarlo y compartiendo justicia.

Finalmente, Teófilo comenzó los proyectos más ambiciosos desde la era de Justiniano, renovó edificios públicos, construyó nuevos y dio a la capital una apariencia nueva y lujosa.

Los nuevos cristianos

La gente eslovena que se estableció en los Balcanes no era particularmente agresiva y podía enriquecerse culturalmente. El papa se dio cuenta de esto primero y envió misioneros para convertirlos. El patriarca Fotio envió a dos de sus hombres, los monjes Cirilo y Metodio. A pesar de que los misioneros occidentales eran los primeros, insistían en que el latín era el único idioma utilizado en los servicios. A los eslovenos no les gustó la idea, y no se hicieron más progresos en esa dirección. Los monjes bizantinos tomaron un camino diferente y aprendieron eslavo. El idioma no tenía alfabeto escrito, por lo que le proporcionaron uno. Bulgaria y otros estados balcánicos entraron pronto en la órbita cultural bizantina a la que aún pertenecen. Los lazos entre los estados del este se fortalecieron en Constantinopla, pero la hostilidad entre los dos mares cristianos, la antigua y la nueva Roma, solo creció.

Recuperación militar bajo Miguel el Beodo (y su tío)

Los emperadores bizantinos del siglo noveno eran en su mayoría incompetentes militarmente. Miguel el boada no fue una excepción, y su apodo fue bien merecido. Sin embargo, bajo su gobierno, un general visionario (que resultó ser el tío de Miguel) llamado Bardas ganó algunas batallas importantes contra los ejércitos musulmanes, invadió Egipto y devastó los ejércitos de los emires de Mesopotamia y Armenia cuando intentaron invadir el territorio bizantino.

Bardas estaba efectivamente gobernando el imperio hasta que Miguel decidió darle a otro hombre, un ex campesino llamado Basilio el macedonio (que, de hecho, era armenio y no tenía conexiones con Macedonia) demasiado poder. Bardas sabía lo que se avecinaba, pero no podía convencer a su tonto sobrino de que fuera más cuidadoso. Basilio mató a Bardas personalmente, se convirtió en el co-emperador de Miguel, y luego mató al boada también.

Capítulo 9 - Una nueva era dorada: Basilio el macedonio y su dinastía

El pasado de Basilio ciertamente no era impecable, y los futuros miembros de su dinastía (que duró casi doscientos años) se sentían incómodos con la forma en que se apoderó del trono. Por otra parte, para los estándares orientales, él era incómodamente maleducado,[lvii] pero eso no le impidió gobernar de manera efectiva. Era consciente de la posibilidad de recuperar el imperio, que ahora era más pequeño y más fácil de defender.

El emperador invirtió cantidades considerables en la reconstrucción de la flota bizantina, consciente de que los musulmanes no eran tan poderosos como lo eran hacía solo un siglo. La marina, dirigida por el almirante Nicetas Oöryphas, demostró rápidamente su valía. En una breve acción, los bizantinos se libraron de los piratas que atacaron el Golfo de Corinto. Había llegado el momento de una gran ofensiva. La marina atacó los territorios musulmanes y, en 876, vastos territorios, incluidos Chipre, Mesopotamia del norte, Dalmacia y Lombardía.

El siguiente paso para devolver la gloria del imperio involucró los proyectos de construcción. Albahaca restauró iglesias antiguas, las adornó con suntuosos mosaicos y renovó monumentos públicos. Luego construyó una iglesia tan impresionante como la de Santa Sofía. La iconoclasia había terminado hacía mucho tiempo, y la nueva iglesia estaba llena de decoración. Basilio estaba tan absorto en completar esta iglesia que sacrificó a Syracuse para terminarla. Necesitaba que la marina transportara mármol, y simplemente se negó a enviarlo a Sicilia.

Un nuevo renacimiento cultural comenzó principalmente gracias al patriarca Focio, que hizo popular a la literatura clásica griega y romana después de tantos años. El despertar intelectual se extendió a lo largo de Bizancio, y el emperador inició la traducción del códice de la ley de Justiniano, originalmente escrito en latín, al griego. El proyecto no se finalizó durante el reinado de Basilio debido a un contratiempo inesperado. El hijo mayor y favorito del emperador, Constantino, murió inesperadamente y dejó al padre deprimido por el resto de su vida.

El hijo del Beodo, León VI el sabio

El siguiente en la fila para el trono fue su segundo hijo, León VI, que probablemente no era el hijo de Basilio. Basilio se había casado con una amante de Miguel el Beodo, y ya estaba embarazada de este hijo, que ya tenía 15 años. Los siguientes dos años se caracterizaron por el antagonismo entre el padre (oficial) y el hijo. León había sido golpeado y puesto en prisión, y luego liberado con la ayuda del padre de su novia, Zöe. Parece que el padre de Zöe ayudó a su futuro yerno a deshacerse de su "padre" y tomar el trono. Basilio perdió el trono casi de la misma manera en que lo había tomado: con mucha sangre derramada.

La primera acción de León como emperador fue exhumar a Miguel el beodo y enterrarlo en la Iglesia de los Santos Apóstoles. Ahora que había vengado a su verdadero padre y resuelto su asunto privado, se enfocó en la política. Inteligente y muy bien educado, León VI estaba completamente preparado para el papel de emperador bizantino. La literatura y la arquitectura florecieron, y se completó la traducción del derecho romano. El período de paz y prosperidad que permitió estas actividades no sucedió de repente; todo fue gracias a León. Tuvo la brillante idea de nombrar a su hermano menor, Estevan, como patriarca. Ahora el emperador controlaba tanto el estado como la iglesia, y los dos trabajaron en perfecta armonía.

León el Sabio, como todos empezaron a llamarlo, era un gran emperador, excepto por el hecho de que no era un gran luchador. En realidad, nunca dirigió a su ejército en una batalla, y su política exterior no fue tan impresionante como sus esfuerzos domésticos. Una nueva hostilidad entre los bizantinos y los búlgaros surgió cuando el nuevo Khan intentó restaurar el paganismo. Afortunadamente, el propio padre del Khan, que se había retirado previamente a un monasterio, se deshizo de él y puso a su hermano menor, Simeón, en el trono. Simeón era un cristiano que pasó su juventud en Constantinopla, pero la hostilidad no se detuvo hasta que el emperador tomó algunas medidas no tácticas. León entonces empleó a los magiares del este para enseñar una lección a los búlgaros. Simeón, a su vez, llamó a los pechenegos y se deshizo de los magiares. La situación fue más estable en otros frentes, gracias a la impresionante flota y los generales capaces en el este. Pero algo más estaba sucediendo en la capital, y fue más interesante (si no más importante) que todas las batallas que se llevaban a cabo en ese momento.

La vida amorosa de un emperador: León y las dos Zoes

Basilio no había permitido que León se casara con su amada amante, Zoe, y lo obligó a casarse con otra mujer, que ahora era su emperatriz, pero solo por un corto tiempo. La pareja no tuvo hijos, y ella murió poco después. El emperador finalmente fue libre de casarse con el amor de su vida y tener hijos con ella, pero el primer niño resultó ser una niña, y no había posibilidad de que Zoe alguna vez diera a luz a otro niño porque murió de fiebre poco después de que la niña naciera.

León estaba decidido a engendrar un heredero y quería volver a casarse, pero la Iglesia Oriental prohibía los terceros matrimonios. Se necesitó mucha paciencia, diplomacia y chantajes para persuadir al nuevo patriarca de que se le permitiera volver a casarse, esta vez con Eudocia. Su nueva emperatriz dio a luz a un niño e inmediatamente murió. El bebé, lamentablemente, también murió pocos días después. Y parecía que no había forma de que León asegurara una bendición para un cuarto matrimonio. El patriarca le informó que un cuarto matrimonio sería peor que un asunto extramatrimonial, algo que León interpretó literalmente y entonces encontró una amante hermosa, llamada Zoe Carbonopsina ("de los ojos de color negro carbón"). Irónicamente, la pareja tuvo un hijo poco después, a quien llamaron Constantino VII.

El patriarca se negó a bautizar y legitimar al niño y a este matrimonio, y le pidió a León que renunciara a Zoe, cosa que no estaba dispuesto a hacer. El emperador luego se dirigió al Papa occidental, quien le dio su apoyo. León arrestó al patriarca Nicolás por traición y lo reemplazó con otro. Finalmente, hizo a su hijo su legítimo heredero del Imperio bizantino y, un par de años más tarde, murió.

Todos los gobernantes regentes del joven emperador Constantino VII

Constantino, de seis años, se quedó con un regente hostil, su malvado tío Alejandro III, quien inmediatamente expulsó a Zoe del palacio. Además, el niño estaba gravemente enfermo y fue un milagro que sobreviviera. Al parecer, Alexander pretendía castrarlo para evitar que tomara el poder, pero gracias a su dinámico estilo de vida, el malintencionado regente murió pronto por agotamiento.

El siguiente regente fue el patriarca Nicolás, a quien Alexander había restaurado previamente el poder. Prometió sin seriedad al gobernante búlgaro Simeón que el joven emperador se casaría con su hija, y terminó casi linchado cuando la gente se enteró de su escandaloso plan.

Anteriormente exiliada, Zoe Carbonopsina regresó al palacio y comenzó a actuar como regente para su hijo. Al negarse a cumplir la promesa que el patriarca Nicolás había dado a los búlgaros, ella entró en la guerra. Se desató un problema cuando un almirante bizantino llamado Romano Lecapeno se negó a transportar a los pechenegos, a quienes Zoe contrató para invadir Bulgaria, y dejó al ejército bizantino a merced de los búlgaros, quienes por supuesto aprovecharon la oportunidad y diezmaron a los soldados abandonados. La credibilidad de Zoe se destruyó irreparablemente, y decidió casarse con León Focas, un patricio y comandante exitoso que ganó algunas grandes batallas en la costa del Mar Negro.

Constantino VII tenía trece años en ese momento, y existía el peligro de que el nuevo marido de la emperatriz lo eliminara, por lo que sus partidarios se acercaron al inmaculado almirante Romano Lecapeno. Aceptó proteger al joven emperador, se convirtió en el jefe de la guardia imperial, e hizo que el joven Constantino se casara con su hija. Posteriormente, tomó todo el poder y se convirtió en el mayor emperador. Sin embargo, Romano I Lecapeno no era cruel por naturaleza y nunca lastimaría físicamente a Constantino, pero promovió a sus hijos Christopher, Esteban y Constantino como sus co-emperadores y les dio una ventaja sobre Constantino VII. Romano I terminó victoriosamente la guerra con Bulgaria y fue responsable de las grandes conquistas de Juan Curcuas en el este.

De repente, el hijo mayor de Romano, Christopher, que estaba destinado al trono, murió. Sus hermanos menores, Esteban y Constantino, fueron malcriados, corruptos y crueles, y Romano comenzó a sentirse culpable por haber usurpado el trono. A su edad avanzada, revocó sus decisiones anteriores y convirtió a Constantino VII en su heredero exclusivo. Los hijos, indignados, capturaron a su padre y lo enviaron a un monasterio lejano. Pero la gente de Constantinopla no quería a ninguno de ellos en el trono. Por fin había llegado el momento de que Constantino VII gobernara por derecho propio.

Constantino VII "el nacido en la púrpura"

Mientras Constantino era fuertemente ignorado en el palacio, la población bizantina lo amaba y sentía la injusticia cometida contra él. Él era, después de todo, un "nacido en púrpura", un verdadero hijo de Macedonia, y los Lecapeno eran simplemente usurpadores. Cuando llegó la noticia de que la vida de Constantino estaba en peligro, la multitud enojada obligó a los despreciables hermanos Lecapeno a reconocerlo como el principal emperador.

Constantino VII[lviii]

Constantino ya tenía treinta y nueve años y fue más decidido de lo que nadie esperaba. Envió a los hermanos Lecapeno al exilio y luego continuó la política que Romano lideró notablemente bien. La única diferencia fue que reemplazó a algunos hombres en la parte superior del ejército, favoreciendo a la familia Focas, que estaba en desacuerdo con los Lecapeno. Un general fantástico, Nicéforo Focas, junto con su sobrino, Juan Tzimisces, emergió victorioso contra el emir de Siria, conquistó ciudades en el río Éufrates y se acercó a Antioquía. Nicéforo pronto sería conocido como la "muerte pálida de los sarracenos", y las fuerzas musulmanas abandonaron el campo cuando se enteraron de que estaba en camino.

El Imperio bizantino volvió a ser poderoso. A pesar de que el ejército estaba ocupado en la frontera con Siria, todavía tenía la capacidad de aplastar a los magiares, quienes con optimismo intentaron invadir Tracia. Pero el poder cultural de Constantinopla creció aún más. Los miembros de las élites reales europeas fueron a menudo invitados de Constantino VII, que nunca dejó de impresionarlos. El elocuente y carismático emperador dejó una impresión tan poderosa en la princesa regente rusa, Olga, que rápidamente decidió convertirse a sí misma, y posteriormente a su gente, al cristianismo.

Constantino murió de fiebre y el poder pasó a su hijo, Romano II.

Romano II y Teófano

A diferencia de su padre, Romano II nació y se crio con derecho. Nunca le faltó nada y su padre cumplió todos sus deseos. El problema era que el joven Romano quería casarse con Teófano, una mujer de origen modesto y, como veremos, no tan modesta ambición. El matrimonio fue completamente inapropiado, pero Constantino no quiso estropear la felicidad de su hijo, y la pareja se casó felizmente y tuvo un hijo, a quien llamaron Basilio II.

Romano II encontraba la administración bastante aburrida y pasaba sus días cazando. Aunque estaba bajo la gran influencia de su esposa, las personas que efectivamente lideraban el imperio eran dos hombres. Uno de ellos fue el chambelán José Bringas, un eunuco que logró mejorar aún más la Universidad de Constantinopla, las artes y la economía del imperio. El segundo hombre fue Nicéforo Focas, quien continuó ganando batalla tras batalla y expulsó a los piratas árabes de Creta. Su hermano, León Focas, y su sobrino, Juan Tzimisces, conquistaron Siria y Mesopotamia, aplastando cincuenta y cinco fortalezas en el camino, y entraron en Alepo.[lix] Cuando regresaron, oyeron que Romano II (con veintidós años en ese momento) estaba muerto. Según los rumores, fue envenenado por su esposa, Teófano. La verdad fue que se lesionó gravemente mientras cazaba, pero esto seguía siendo un secreto porque la caza estaba prohibida durante el ayuno de Cuaresma. La situación era tensa, e iba a empeorar.

Capítulo 10 - El cambio en la casa de Macedonia: Nicéforo Focas y su sobrino

No importaba lo ambiciosa que fuera la emperatriz Teófano y el poco afecto que sentía por su marido, probablemente nunca pensó realmente en matarlo. Ahora que él se había ido, su posición era desesperada. Su hijo, Basilio, todavía era un niño pequeño, lo que los hacía extremadamente vulnerables. Se necesitaba una figura fuerte para proteger al emperador menor de edad, y su madre llamó a Nicéforo Focas, el comandante de guerra bizantino más brillante desde Belisario. El mayor opositor de esta idea fue el chambelán José Bringas, quien rápidamente utilizó la influencia que aún tenía y emitió un decreto que prohibía al general ir a la ciudad. Sin embargo, las puertas cerradas de la ciudad no pudieron impedir la entrada de Nicéforo. Era muy popular, y la multitud pronto exigió que se le permitiera a Nicéforo entrar en Constantinopla.

Cuando otros planes fracasaron, José le escribió a Juan Tzimisces, el sobrino de Nicéforo, y le ofreció la corona imperial. Tzimisces, sin embargo, mostró la carta a su tío, quien fue proclamado emperador por sus soldados al día siguiente. El chambelán continuó con medidas desesperadas, encarceló a todos los miembros de la familia

Focas y eliminó todos los barcos, transbordadores y otras embarcaciones que podían transportar a cualquiera a Constantinopla. Pero era cuestión de tiempo que la multitud estallara, y en poco tiempo sucedió. El chambelán perdió el control de la ciudad, Nicéforo entró y los patriarcas lo coronaron al instante.

El emperador Nicéforo y Teófano

Un líder natural con una vasta experiencia militar y numerosas victorias, Nicéforo estaba más que calificado para gobernar Bizancio. Pero era muy diferente de los hombres cultivados que hasta hace muy poco se sentaban en el trono imperial. Nicéforo era grosero, solía dar órdenes, tenía mal genio y era propenso a insultar a cualquiera que lo molestara.

La empobrecida viuda Teófano lo recibió calurosamente como el protector de su hijo. Tenía más de cincuenta años, y ella veintidós. Él era un soldado guapo, y ella era encantadora. En un mes, él le propuso casarse con ella, lo cual ella aceptó gustosamente. Pero la vida siguió avanzando, y pronto estuvo de nuevo en una campaña.

Expansión imperial bajo Nicéforo

El sobrino de Nicéforo, Juan Tzimisces, ya estaba en Siria cuando el emperador se unió a él. Juntos conquistaron Alepo y Cilicia y redujeron lo que solía ser un poderoso emirato a un estado vasallo.

El emperador era verdaderamente bueno luchando contra los musulmanes en el este, pero su falta de tacto resultó desastrosa en el oeste. En una ocasión, los representantes del emperador alemán Otto I cometieron un error y se dirigieron a Nicéforo como rey de los griegos. Se enojó tanto que los arrojó a un calabozo, lo cual casi dio lugar a una guerra contra los dos imperios. El peor incidente ocurrió cuando un embajador búlgaro vino a solicitar su pequeño homenaje regular (que, de hecho, era una cantidad fija utilizada para cubrir el costo de una princesa bizantina en la corte búlgara, lo que le permitió vivir de una manera apropiada para ella). Nicéforo se enfureció y le preguntó con incredulidad si creían que era un esclavo. Luego les dijo que vendría en persona para pagar el tributo que merecían.

Nicéforo pagó a los rusos para que atacaran a Bulgaria por él, y lo hicieron con facilidad. Pero luego los rusos, liderados por el Príncipe Svyatoslav, simplemente reemplazaron a los búlgaros, y fueron mucho más agresivos que los antiguos vecinos de Bizancio.

En los dos años siguientes, regresaría a las fronteras orientales para reconquistar Armenia y Antioquía, pero tenía algunos problemas internos no resueltos que le impedirían continuar y retomar Jerusalén.

La montaña sagrada

Nicéforo creía que los soldados que murieron resistiéndose a las fuerzas del islam debían ser respetados como mártires. El patriarca rechazó firmemente esa posibilidad y rechazó la noción de "guerreros sagrados" (en el oeste, como veremos, esta idea fue aceptada y así es exactamente cómo comenzaron las Cruzadas).

Sin embargo, esto no fue lo único que molestó al emperador. Marchaba constantemente por las tierras bizantinas y era plenamente consciente del materialismo prevaleciente. La iglesia poseía tierras ilimitadas. Las casas monásticas eran lujosas, llenas de oro y frescos invaluables, y rodeadas de viñedos fructíferos. Al mismo tiempo, la iglesia no pagaba ningún impuesto. Todo esto le parecía injusto al emperador Nicéforo Focas, quien decidió ponerle fin mediante la publicación de varios decretos que prohibían la donación de tierras a la iglesia corrupta.

El emperador pensaba que los monjes debían vivir en monasterios simples, lejos del ruido urbano. Para demostrar su idea, Nicéforo envió a su amigo cercano, el monje Atanasio, a Grecia para establecer un monasterio en las colinas del Monte Athos. Luego hizo que la nueva comunidad monástica (que todavía existe hoy y lleva la bandera bizantina) sea autónoma del patriarca, responsable directamente al trono.

Decadencia y muerte

A pesar de todos sus triunfos, el emperador se volvió impopular en Constantinopla. La iglesia ya no era su aliada, y todos los demás estaban furiosos por unos impuestos que cada vez eran mayores. Además, había un rumor de que su hermano estaba tratando de matar a los jóvenes príncipes, Basilio y Constantino, pero Nicéforo no tomó medidas contra León.

Una profecía anunció que Nicéforo sería asesinado en su palacio de la mano de uno de sus propios ciudadanos, por lo que erigió un enorme muro que separaba el Gran Palacio del resto de la ciudad. La gente lo detestaba, y él aprovechó cada oportunidad para dejar Constantinopla y encontrar su paz en el verdadero campo de batalla.

Mientras tanto, Teófano se había enamorado de Juan Tzimisces, el sobrino del emperador. El joven general no estaba a favor del emperador, y los dos amantes arreglaron el asesinato. Nicéforo fue brutalmente humillado y asesinado durante la noche por los asesinos escondidos en la mitad de la emperatriz del palacio. Al día siguiente, Juan Tzimisces fue aclamado como emperador romano. Teófano no tuvo tanta suerte. El patriarca le ordenó a Tzimisces que se deshiciera de ella si quería ser coronado, y no se opuso.

El emperador Juan I Tzimisces

Juan Tzimisces era a la vez un glorioso comandante de guerra y un hombre agradable y bien educado, el ideal de un verdadero estadista. Su primera acción como el emperador fue deshacerse de cualquier resistencia en Constantinopla y una vez que se hubo resuelto, fue a los Balcanes. La situación allí era bastante desordenada, a causa de los fracasos diplomáticos de Nicéforo. Los rusos afirmaban abiertamente que invadirían el territorio bizantino. Entonces, el nuevo emperador lideró a cuarenta mil soldados, aplastó las defensas de los rusos y liberó al rey de los búlgaros. Una batalla más y todo habría terminado. El príncipe de Kiev salió de Bulgaria con solo un puñado de hombres; todos los demás estaban muertos.

Juan se alió con Bulgaria y siguió adelante. Los fatimíes de Egipto amenazaban el territorio bizantino en Siria. Ya derrotaron a un ejército imperial más pequeño e invadieron Antioquía, y ahora había llegado el momento de que el imperio respondiera, y fue una de las campañas militares más notables en la historia del Imperio bizantino. Juan I Tzimisces comenzó desde el norte, conquistó Mosul, persiguió a los musulmanes por la costa del Mediterráneo y tomó todas las ciudades de Siria y Palestina en el camino: Baalbek, Beirut, Damasco, Tiberíades, Acre, Cesarea, Trípoli. Entró en Nazaret, la ciudad natal de Jesucristo, pero al igual que Nicéforo, pospuso la liberación de Jerusalén.

El Imperio bizantino era ahora más poderoso de lo que había sido en siglos. Todos los enemigos fueron devastados, y el emperador estaba contento. Pero cuando intentó investigar el origen de las vastas propiedades en posesión de los aristócratas, su chambelán, Basilio Lecapeno, lo envenenó. En un par de días, el gran conquistador estaba muerto.

Capítulo 11 - Basilio II, el asesino de búlgaros

El hijo de Romano II y Teófano, Basilio II, había estado creciendo mientras Nicéforo Focas y Juan Tzimisces estaban a cargo del imperio. Ahora que ambos estaban muertos y él era un adulto, podía legítimamente tomar el trono, pero había algunos obstáculos. El primero fue el jefe de cámara, Basilio Lecapeno, quien era demasiado poderoso y tampoco estaba dispuesto a entregar el poder. El segundo problema fue la idea de que, en la larga historia de la dinastía de Macedonia, los gobernantes más competentes eran los generales y no los que habían crecido en el palacio.

Un general llamado Bardas Skleros afirmó que él mismo era una mejor opción para el trono, comenzó una rebelión y fue rápidamente aclamado como emperador por las masas. En pánico, Basilio Lecapeno envió al exiliado general Bardas Focas, quien también quería tomar el trono, pero era el único que podía luchar contra Skleros. Los dos ejércitos lucharon durante tres años, ganó Focas y regresaron para luchar contra los sarracenos.

El ascenso del emperador legítimo

Cerca del final del siglo X, Basilio Lecapeno estaba complacido por la forma en que logró deshacerse de los dos generales poderosos. Su posición era perfecta: tenía todo el poder, manteniendo al emperador incompetente y poco ambicioso como una máscara de sus actos, excepto que el emperador no era ni incompetente ni poco ambicioso. Basilio II golpeó al chambelán de la nada y lo arrestaron por conspirar contra el emperador. Las tierras de Lecapeno y su riqueza fueron finalmente confiscadas. Basilio II tenía veinticinco años y estaba listo para gobernar el imperio.

Sin embargo, la primera expedición militar del nuevo emperador resultó ser desastrosa. Fue a luchar contra los búlgaros, que mientras tanto se consolidaron bajo el mando del zar Samuel. El ejército bizantino quedó atrapado en una emboscada. El emperador huyó del campo, pero la mayor parte de su ejército, así como su reputación, fueron destruidos.

Entonces, tanto Bardas Skleros como Bardas Focas decidieron intentar tomar el trono. Incluso se unieron contra el emperador, pero Focas casi inmediatamente dispuso que arrestaran a Skleros, y él continuó solo.

La alianza con los rusos

El emperador en Constantinopla sabía que tenía un problema. Los búlgaros estaban invadiendo agresivamente la península balcánica, y él necesitaba desesperadamente un ejército, pero no uno dirigido por Focas. Así que se acercó al príncipe ruso Vladimir, le dio a su hermana como esposa y recibió a un poderoso aliado y la Guardia Varangiana, un ejército de enormes y terroríficos soldados que lo ayudaron a lidiar con Bardas Focas primero, luego con el ejército fatimí en Trípoli, y finalmente con los búlgaros.

A salvo con su Guardia Varangiana, Basilio II decidió lidiar con la nobleza, obligando a los aristócratas a devolver la tierra que habían tomado durante las últimas décadas. Además de eso, emitió un decreto que ordenaba que, si un agricultor no podía pagar sus impuestos, su vecino rico estaba obligado a pagar por él.

El asesino de búlgaros

Basilio, el asesino búlgaro, se ganó su apodo cuando, después de la batalla final contra el zar Samuel, ordenó que todos los prisioneros fueran cegados, dejando los ojos esparcidos, para que pudieran encontrar el camino a casa. Ahora, por primera vez desde que llegaron las tribus eslavas, toda la península balcánica estaba bajo el control bizantino. El imperio se duplicó en tamaño durante su reinado, y se hizo más fuerte. Basilio II sabía lo importante que era gobernar nuevos territorios adecuadamente. El buen gobierno ciertamente disminuyó la tensión, pero Basilio usó algunos medios nuevos para alcanzar sus metas.

En 1012, el califa fatimí ordenó la destrucción de todas las iglesias en su territorio. Basilio II no se precipitó a una batalla. Reaccionó con una medida económica y prohibió todo comercio con los fatimíes. Cuando tenía que pelear, lo hacía con gusto, y siempre ganaba. El imperio ahora se extendía desde el Danubio hasta el Éufrates. El reinado de sesenta y cuatro años de Basilio fue el más exitoso en la historia bizantina. Murió de vejez mientras planeaba una campaña. Desafortunadamente, no tenía un heredero, un hecho que siempre empujaba a los imperios a la crisis.

Capítulo 12 - Alejo Comneno

El período que vino después de la muerte de Basilio II fue uno de constante declive. Las mediocridades llegaron al trono una tras otra, la economía se debilitó y el ejército confió completamente en los mercenarios. Luego, en 1054, la iglesia cristiana se dividió por la mitad. La Iglesia católica latina ("universal") fue mantenida por el Papa y la ortodoxa griega ("verdadera") fue manejada por el patriarca. La brecha era profunda, y las consecuencias aún no se habían sentido.

Otro revés surgió en el siglo XI cuando los agresivos turcos seljuk comenzaron a invadir el territorio imperial. Un evento que mejor ilustra la mala salud del imperio tuvo lugar en 1071. El ejército bizantino, liderado por el emperador romano Diógenes, logró hacer retroceder a los Seljuks a través del Éufrates. Los aristócratas no estaban contentos con eso. Un emperador fuerte podría limitar fácilmente sus privilegios, y no querían que eso sucediera. Así que lo traicionaron en el momento decisivo, sacrificando a los mejores soldados bizantinos junto con el emperador. Era el signo más obvio de un declive casi irreparable.

La lucha por el poder entre los ambiciosos aristócratas duró diez años, durante los cuales muchos emergieron y cayeron, causando la prolongación de la guerra civil. Una nueva esperanza surgió en 1081 cuando el general Alejo Comneno fue coronado.

Un inicio fallido

La familia Comneno siempre había estado en desacuerdo con la dinastía macedonia, y Alejo, quien se apoderó del trono al matar a su predecesor, parecía otro usurpador. Inmediatamente después de su victoria, los mercenarios del ejército que había empleado comenzaron a robar a Constantinopla. Fue la primera mala señal. La segunda fue la invasión de los normandos, que ahora estaban terriblemente cerca del puerto de Dalmacia, que ofrece acceso directo a Via Egnatia y a la capital bizantina.

El ejército de Alejo consistía en la Guardia Varangiana y varios mercenarios. Los varangianos lucharon con valentía y eficacia contra los normandos, pero los mercenarios turcos los traicionaron. La mayoría del ejército bizantino fue masacrado.

Formas alternativas

La próxima vez que Alejo tuvo que encontrarse con los normandos, eligió el camino de la diplomacia. El emperador alemán Enrique IV, agradecido por el oro que había recibido del emperador bizantino, aceptó atacar al enemigo común, el comandante normando Guiscardo. Los alemanes invadieron Italia y el Papa se vio obligado a rogar al jefe normando que regresara de inmediato. Entonces Alejo redujo los aranceles venecianos. Las fuerzas normandas dependían de los mercaderes venecianos, y ahora se quedaban sin provisiones.

La amenaza normanda disminuyó y el enemigo musulmán fue dividido e ineficiente, pero los turcos seljuk eran peligrosos y Alejo no tenía un ejército adecuado. Necesitaba apoyo, y se le ocurrió una idea.

La primera cruzada

En 1095, Alejo le escribió al Papa Urbano, informándole de las conquistas turcas, especialmente la de Tierra Santa, y pidiéndole que enviara apoyo a los demás cristianos contra los sarracenos. Luego, el Papa pronunció un discurso en Clermont, Francia, declarando que "todos los que marcharon con un corazón puro serían absueltos de sus pecados."[lx] La multitud respondió con entusiasmo. Caballeros y campesinos de todo tipo de Italia, Francia y Alemania comenzaron a inundar Constantinopla. La Cruzada parecía una marcha hacia la capital bizantina, y no hacia la liberación de Jerusalén, y las personas involucradas respondieron al Papa, no a Alejo. Uno de los caballeros cruzados era el hijo del normando Roberto Guiscardo, de Normandía.

El primer grupo de cruzados consistía en un monje llamado Pedro el Ermitaño, y una multitud de personas aleatorias e indisciplinadas que incendiaron muchas ciudades en el camino a Constantinopla y, erróneamente o no, mataron a gran parte de la población griega en Asia Menor, solo para ser derrotados por los turcos. Los otros grupos eran más serios, pero representaban una amenaza mucho mayor para la atractiva ciudad de Constantinopla que para los turcos. Alejo logró hacer algún tipo de trato con ellos, pero surgieron algunos conflictos extraños en el terreno de Asia Menor.

Cuando los cruzados llegaron a Nicea, la guarnición de la ciudad eligió someterse al comandante bizantino que cerró inmediatamente las puertas para evitar el saqueo de la ciudad, que era predominantemente cristiana.

La Primera Cruzada fue sorprendentemente exitosa. Los cruzados entraron a Jerusalén en 1099 y mataron a casi todos los que encontraron allí. Luego, al contrario del juramento hecho, los caballeros se instalaron como reyes de ciudades incautadas, que deberían haber regresado al Imperio bizantino.

La hostilidad creció, y Alejo tuvo que enfrentarse al príncipe normando Bohemundo, quien asedió la ciudad y el puerto que su padre había tomado hace más de veinte años. Igual que antes, Alejo cortó sus provisiones y, para fin de año, lo hizo rendirse y luego abandonar el este, para no volver jamás.

Manuel I Comnenos

La Segunda Cruzada ocurrió durante el reinado de Manuel Comneno, nieto de Alejo. Se las arregló para someter a los reinos cruzados, hacer que los turcos seljuk aceptaran el estado de vasallo, y anexar a Serbia y Bosnia.

Los cruzados se sorprendieron con el tratado de los bizantinos con los musulmanes, y occidente consideró a los griegos como herejes a los que no les importaba la "guerra santa", y se perdió el punto de que no existe una guerra santa en el pacífico cristianismo ortodoxo.

El occidente estaba creando animosidad contra el Imperio bizantino, pero el emperador oriental se sentía seguro por el momento. Parecía que el imperio se estaba recuperando, pero era simplemente una ilusión que no iba a durar. Después de su muerte, todo comenzó a caer de nuevo.

Capítulo 13 - El colapso y la caída del Imperio romano del este

No había un gran líder para salvar a Bizancio del colapso. Durante el reinado del menor Alejo II Comnenos, los turcos simplemente entraron en Asia Menor, y no había nadie para protegerlo. Al mismo tiempo, Serbia declaró su independencia y los húngaros tomaron Bosnia y Dalmacia. El emperador Andrónico el Terrible era corrupto y cruel con sus súbditos, pero ineficaz en los asuntos exteriores. Su sucesor, Isaac Ángelo no tenía autoridad para gobernar en absoluto.

Durante el reinado de Isaac Ángelo, el sultán kurdo Saladino unió las fuerzas musulmanas y Jerusalén volvió a caer. Se lanzó otra cruzada, e Isaac se mostró totalmente incompetente al enviar a los embajadores alemanes a prisión antes de disculparse con ellos. Tomó una desastrosa decisión tras otra y llegó a la idea de despedir a la armada imperial y dejar que Venecia se ocupara de sus defensas marinas. Esta idea inspiró a su hermano Alejo III a arrojar al emperador a un calabozo junto con su hijo. Él mismo, sin embargo, tampoco era un gran gobernante. Sólo estaba interesado en ayudarse a sí mismo con el dinero para sus fiestas extravagantes.[lxi]

Entonces se acercó otro ejército cruzado. La tercera cruzada no tuvo éxito, y ahora llegó el momento de la cuarta, dirigida por Federico Barbarroja y Ricardo Corazón de León. Ricardo quería conquistar

Egipto, y necesitaba que las naves venecianas se hicieran cargo de ellos, pero el duque de Venecia se negó a ayudar sin una recompensa escandalosamente alta o ayuda para devolver la ciudad de Zara, que había sido tomada por los húngaros.

La cruzada fatal

En Zara, había un joven fugitivo que se unió a la Cruzada, Alejo IV, el hijo de Isaac II, que había sido sacado de contrabando de la prisión y que había estado esperando la oportunidad de tomar el trono desde entonces. Les prometió a los cruzados enormes sumas y control sobre la iglesia bizantina, si tan solo lo ayudaran a subir al trono. Los guerreros de la Cuarta Cruzada se dirigieron a Constantinopla, y el duque de Venecia les había dicho que los griegos eran herejes.

Alejo III huyó de la ciudad tan pronto como se dio cuenta de lo que estaba sucediendo. Los cruzados liberaron a Isaac de la prisión y ahora esperaban la recompensa prometida. Luego confiscaron todo lo que pudieron encontrar, que era solo la mitad de la suma discutida. Abrieron tumbas para tomar relicarios y arrancaron los adornos de las iglesias y las joyas de las cubiertas de los manuscritos antiguos. Al final, los cruzados quemaron numerosos edificios en toda la ciudad. Las más preciosas iglesias y palacios quemados. Constantinopla nunca había sido conquistada antes, y ahora estaba devastada.

Las consecuencias de la destrucción y una recuperación de corta duración

El papa Inocencio se sorprendió y horrorizó cuando escuchó lo que sucedió. Inmediatamente se dio cuenta de las consecuencias que tendría. Él excomulgó a todos los involucrados, pero el daño nunca se pudo arreglar. A muchos de los cruzados no les importaba en absoluto. Tenían propiedades divididas entre sí, coronaron a un emperador latino y pusieron una prostituta en el trono patriarcal.[lxii]

Sorprendentemente, la gente en pequeños pueblos y aldeas estaba en buenas condiciones. Los recién llegados al trono no tenían ningún medio para cobrar los impuestos, y ahora todo quedó en manos privadas. La cultura y las artes florecieron, patrocinadas por particulares. Pero los días del poder imperial se habían ido.

Los herederos de los emperadores bizantinos comenzaron a emerger por todo el Mediterráneo, reclamando su derecho al trono. El patriarca coronó a Teodoro Lascaris en Nicea. Luego, el Imperio latino de Constantinopla cayó en manos de los búlgaros, quienes no objetaron que Teodoro Lascaris reconquistara tanto como pudiera. Pero surgió otro enemigo.

En 1242, llegó una espantosa horda mongol. Los mongoles ya habían abrumado a un ejército turco. El sultán seljuk se vio obligado a convertirse en su vasallo. Pero no dañaron a Nicea, donde se encontraban todos los funcionarios bizantinos importantes. A través de diversas actividades diplomáticas, Nicea socavó el Imperio latino. Los cruzados pudieron controlar solo a Constantinopla. No tenían una economía sostenible, y lo único que podían hacer era buscar más reliquias ocultas.

Miguel Paleólogo

En 1259, un nuevo emperador fue coronado en Nicea, un joven general llamado Miguel Paleólogo. Inmediatamente, inició actividades diplomáticas y envió a su emperador más joven, Alejo Estrategopoulos, a observar cuán fuertes eran las fortificaciones de Constantinopla. Con la ayuda de los agricultores locales, Estrategopoulos logró abrir las puertas de la ciudad y, al día siguiente, las fuerzas bizantinas regresaron a su ciudad. Los latinos entraron en pánico y huyeron por todos lados. Como nadie vino a matarlos, todos lograron escapar a salvo.

Miguel Paleólogo nunca había estado en Constantinopla antes. Y entró como vencedor antes de ser coronado en Santa Sofía. Pronto comenzó con trabajos de reparación y rediseñó la bandera del imperio.

El ejército que dirigía era pequeño, pero eficiente, y logró lidiar con todos los enemigos tradicionales, como los búlgaros y los turcos, pero surgió un nuevo enemigo. Carlos de Anjou fue invitado por el Papa Urbano IV para cuidar de Sicilia. Luego, el exiliado emperador latino de Constantinopla, Baldwin II, le ofreció el Peloponeso si lo ayudaba a regresar al trono. Luego, Miguel VIII escribió al Papa para ayudarlo y devolverle la llamada a Anjou. A cambio, sometió la iglesia bizantina oriental a la autoridad del Papa. El patriarca, sin embargo, se negó a ratificar el documento. Más tarde, Michael Paleólogo logró asegurar el apoyo del rey español y abrumar a Carlos de Anjou. Fue uno de los mejores emperadores que Bizancio tuvo durante su etapa final. Los dos últimos siglos estuvieron llenos de emperadores incapaces. Durante ese tiempo, un nuevo enemigo emergió, listo para dar el golpe final al imperio que una vez fue poderoso.

Los otomanos

El equilibrio de poder en el este estaba cambiando rápidamente, y muchas tribus turcas iban para quedarse. Un grupo de turcos llamados gazi (las "espadas de Dios"; más tarde conocidos como los guerreros otomanos) y su líder, Osman, tenían como objetivo capturar Constantinopla. Tomaron ciudad tras ciudad en el Imperio bizantino y rápidamente se acercaron a las murallas de la capital. Mientras tanto, la peste bubónica se extendió por todo el imperio. Cuando un terremoto azotó a Gallipoli un par de años después. Los turcos, creyendo que Dios les había dado una señal, se establecieron en la ciudad. Pronto rodearon Constantinopla, pero aún no podían entrar.

Anticipándose a una catástrofe, el emperador bizantino, Juan V, envió llamamientos de ayuda a todos los reinos e imperios cristianos, escribió una sincera carta al Papa e incluso se convirtió al catolicismo.[lxiii] Sin embargo, fue ignorado en gran medida, y la ayuda del oeste nunca llegó. El único apoyo provino de los Balcanes, donde el Zar Lazar reunió a una coalición de nobles serbios y sus ejércitos y frenó el avance otomano. Sin embargo, en 1389, en la batalla de Kosovo, Lázaro y la mayoría de los otros líderes serbios fueron asesinados. El sultán otomano Murad también fue asesinado por un caballero serbio, Milos Obilic, quien actuó como si fuera a abandonar el ejército serbio la noche antes de la batalla. Milos fue llevado ante el sultán y fue lo suficientemente rápido para matar al líder otomano antes de que sus guardias pudieran reaccionar y separarlo.

Juan V fue sorprendido por la noticia. No había una fuerza sobreviviente para ayudar a Constantinopla, y él estaba dispuesto a sacrificar lo que fuera necesario para salvar a la ciudad de la destrucción. Escribió una carta al nuevo sultán Bayezid, ofreciéndose a convertirse en su vasallo a cambio de que la capital bizantina permaneciera intacta. Ahora los turcos se habían convertido oficialmente en los amos del Imperio cristiano del este.

El nuevo emperador bizantino, el hijo de Juan, Manuel II, mostró más integridad que su padre, pero sus planes pronto se rompieron cuando Bayezid "el Rayo" demostró su poder de nuevo y tomó el título de Sultán de Roma.

Manuel no estaba dispuesto a rendirse. Bayezid comenzó un largo asedio contra Constantinopla, pero durante un breve período de ausencia del sultán, Manuel II y su esposa, la princesa serbia Helena Dragases, fueron a Venecia, y luego a muchas capitales europeas, pidiendo apoyo contra los musulmanes. A diferencia de su padre, Manuel era digno e impresionante, y todos le dieron una cálida bienvenida. Sin embargo, no tuvo ningún efecto real. Los gobernantes occidentales estaban demasiado ocupados luchando sus propias batallas y nunca aparecieron en el este para brindar apoyo.

Una fuerza improbable salvó a Constantinopla. El señor de la guerra mongol, Timur el Cojo, también conocido como Tamerlán, vino de Uzbekistán con el objetivo de restaurar el imperio de su antiguo predecesor, Genghis Khan. Su imperio era enorme a principios del siglo XV, y ahora llegó a conquistar Asia Menor. Bayezid necesitaba defender su nuevo territorio, por lo que suspendió las acciones contra Constantinopla.

Las fuerzas otomanas sufrieron terribles pérdidas contra el ejército de Timur, y Bayezid terminó capturado y horriblemente humillado. Pero finalmente, los mongoles se dirigieron al Lejano Oriente, decididos a conquistar China, dejando atrás a los otomanos.

El nuevo sultán otomano, el hijo de Bayezid, Solimán, aceptó convertirse en el vasallo de Manuel, pero, al hacerlo, se permitió tiempo para consolidarse y atacar nuevamente. Manuel II regresó a Constantinopla como un salvador en 1403, pero el triunfo no duró mucho. El hermano de Solimán, Musa, derrocó al sultán y atacó a Constantinopla. Luego, Manuel II ayudó a su tercer hermano, Mehmed, a derrocar a Musa. El sultán más nuevo era un hombre educado y culto, y desde entonces fue leal a Manuel.

En 1422, después de la muerte de Mehmed, su hijo, Mustafa, sitió Constantinopla. Manuel aceptó el puesto de vasallo turco, pero logró evitar que los guerreros de Anatolia ingresaran a la ciudad. Constantinopla estuvo a salvo por un breve tiempo, pero permaneció rodeada de fuerzas turcas.

Durante el reinado del hijo de Manuel, Juan VIII, Murad II invadió la ciudad de Tesalónica y anunció que Constantinopla sería la siguiente. Al igual que muchos antes que él, Juan le pidió ayuda al Papa y le prometió que se sometería a la iglesia occidental. En 1443, el nuevo ejército de cruzados, esta vez liderado por el rey húngaro Ladislao y el general Juan Hunyadi, conquistó Bulgaria. Murad II ofreció una tregua de diez años, pero el ejército cruzado la había roto rápidamente. Fueron a la costa del Mar Negro, donde las fuerzas superiores otomanas los esperaron y devastaron, matando al rey Ladislao. Juan Hunyadi continuó resistiéndose durante un par de años, pero fue abrumado alrededor de 1448, cuando Juan VIII se vio obligado a felicitar a Murad II por el triunfo. Murió poco después de ese humillante día.

El último emperador de Constantinopla

El hijo más joven y capaz de Manuel II, Constantino XI Dragases, fue coronado en 1449. Durante la última Cruzada, logró retomar Atenas y las áreas circundantes. Pero ahora los otomanos reconsolidaron y reconquistaron Atenas, y se encontraron en las murallas de Constantinopla. Una nueva era había comenzado, y los conquistadores turcos trajeron varios cañones con ellos. Pasaron cinco días para que se rompieran las paredes. Después, los otomanos se dirigieron a los Balcanes, dejando atrás la capital bizantina.

Murad II pasó algún tiempo luchando contra Skanderg en Dalmacia, y luego murió. Su sucesor, Mehmed II, poeta y erudito, afirmó que estaba dedicado a la paz con Bizancio. Sin embargo, también era un gobernante cruel y mató a su hermano menor por si acaso.

En 1453, los hombres de Mehmed estaban armados con cañones superiores recién construidos. Cuando Constantino se negó a rendirse, abrieron fuego. Después de cuarenta y ocho días, el muro todavía estaba en su lugar. Entonces el sultán cambió el enfoque y entró en el puerto imperial con setenta barcos.

El ataque final tuvo lugar el 29 de mayo. Los ciudadanos restantes se reunieron en Santa Sofía, y el último emperador dio un discurso final, recordando a su pueblo que eran herederos de héroes antiguos. Durante esa noche, los turcos entraron en la ciudad. Los defensores lucharon hasta el final y lograron resistir hasta que llegaron los jenízaros, las tropas de élite hechas de los niños tomados de los cristianos, y los mercenarios genoveses, que ayudaron a Constantino hasta ese momento, comenzaron a retirarse. Constantino tuvo más de una oportunidad para escapar, pero se negó a dejar a su gente. Murió durante la terrible carnicería que hubo.

La gente de Constantinopla creía en una vieja leyenda de que un ángel protegería a Santa Sofía de los turcos, y muchos ciudadanos se reunieron allí. Pero no apareció ningún ángel, y todos fueron masacrados.

Santa Sofía se convirtió en una mezquita. Todos los hombres de noble nacimiento fueron asesinados, y los niños fueron vendidos como esclavos. Constantinopla se convirtió en la capital del Imperio otomano, y el sultán tomó el título de César. El que antaño fuera un gran imperio dejó de existir.

Conclusión

Después de los siglos de resistencia, el Imperio bizantino cayó en manos otomanas, pero al menos impidió que los musulmanes avanzaran hacia Europa durante la época de su agresiva expansión. Ahora que los turcos lograron conquistar la ciudad de Constantino, carecían del poder para proceder a la Europa occidental, ahora mucho más fuerte. Los otomanos no pudieron romper los muros de Viena, y comenzaron a retirarse poco después.

Numerosos refugiados de Bizancio llegaron a Europa occidental y enriquecieron el período del humanismo y el renacimiento al traer antiguos artefactos y manuscritos griegos y romanos, incluyendo la Ilíada de Platón y muchos otros. No todos los exiliados huyeron al oeste. Muchos fueron a Rusia, el último estado ortodoxo libre. Los pueblos y naciones que alguna vez pertenecieron a la órbita cultural bizantina todavía están conectados por la Iglesia ortodoxa. La inmensa herencia bizantina continuó viviendo en diversas formas por todo el mundo.

La línea de tiempo de los emperadores bizantinos

La lista de todos los emperadores y dinastías del Imperio bizantino, incluidos los menos significativos que no fueron mencionados en este libro.

DINASTÍA CONSTANTINA (324-363)

324—353 ...... Constantino el Grande

353—361 ...... Constancio .... Hijo de Constantino el Grande

361—363 ...... El Apóstata Juliano .... Primo de Constancio

NO DINÁSTICO

363—364 ...... Joviano .... Soldado, elegido en el campo de batalla

364—378 ...... Valente .... Hermano del Emperador Occidental Valentiniano

LA DINASTÍA TEODOSA (379-457)

379—395 ...... Teodosio I el Grande .... Soldado, elegido por el Emperador Occidental Graciano

395—408 ...... Arcadio .... Hijo de Teodosio

408—450 ...... Teodosio II .... Hijo de Arcadio

450—457 ...... Marciano .... Se casó con la hermana de Teodosio

DINASTÍA LEONIDA (457-518)

457—474 ...... León I el tracio .... Soldado, elegido por el general oriental Aspar

474 ...... León II .... Nieto de León I

474—475 ...... Zenón .... Yerno de León I

475—476 ...... Basilico .... Usurpador, cuñado de León I

476—491 ...... Zenón (otra vez)

491—518 ...... Anastasio I .... Yerno de León I

DINASTÍA JUSTINIANA (527-602)

518—527 ...... Justino I .... Comandante de la Guardia del Palacio

527—565 ...... Justiniano I el Grande .... Sobrino de Justino I

565—578 ...... Justino II .... Sobrino de Justiniano

578—582 ...... Tiberio II .... Adoptado por Justino II

582—602 ...... Mauricio .... Yerno de Tiberio II

NO DINÁSTICO

602—610......Focas..........Usurpador, Soldado de Mauricio

DINASTÍA HERACLIO (610-711)

610—641 ...... Heraclio .... Usurpador, general de Cartago

641 ...... Constantino III .... Hijo de Heraclio Hijo de Heraclio Hijo de Constantino III

641 ...... Heraclona ....

641—668 ...... Constante II el barbudo ....

668—685 ...... Constantino IV .... Hijo de Constante II

685—695 ...... Justiniano II la Nariz de Tajo ... Hijo de Constantino IV

695—698 ...... Leoncio .... Usurpador, soldado de Justiniano II

698—705 .... Tiberio III ... Usurpador, oficial naval germano de Leoncio

705—711 ...... Justiniano 11 (otra vez)

NO DINÁSTICO

711—713 ...... Filípico .... Usurpador, soldado armenio de Justiniano II

713—715 ...... Anastasio II .... Usurpador, secretario imperial de Filípico

715—717 ...... Teodosio III .... Usurpador, recaudador de impuestos e hijo (?) de Tiberio III

DINASTÍA DE ISAURIA (717-802)

717—741 ...... León III el Isaurio .... Usurpador, diplomático sirio de Justiniano II

741—775 ...... Constantino V el Coprónimo .... Hijo de León III

775—780 ...... León IV el Jazar .... Yerno de León III

780—797 ...... Constantino VI el Cegado .... Hijo de León IV

797—802 ...... Irene la ateniense .... Esposa de León IV, madre de Constantino VI

DINASTÍA DE NICEFÓRO (802-813)

802-811 ...... Nicéforo I .... Usurpador, ministro de Finanzas de Irene

811 ......Estauracio .... Hijo de Nicéforo I

811—813 .... Miguel I Rangabé .... Yerno de Nicéforo I

NO DINÁSTICO

813—820 ...... León V el armenio .... Patricio y general de Miguel I

DINASTÍA AMORIANA (820-867)

820—829 ...... Miguel II el Tartamudo .... Yerno de Constantino VI

829—842 ...... Teófilo .... Hijo de Miguel II

842—855 ...... Teodora .... Esposa de Teófilo

DINASTÍA DE MACEDONIA (867-1056)

867—886 ...... Basilio I el Macedonio .... Campesino armenio, casado con la viuda de Miguel III

886—912 ...... León VI el Sabio .... Hijo de Basilio I o Miguel III

912—913 ...... Alejandro .... Hijo de Basilio I

913—959 ...... Constantino VII el Nacido de Púrpura .... Hijo de León VI

920—944 ...... Romano I Lecapano .... General, suegro de Constantino VII

959—963 ...... Romano II el Nacido en Purpura .... Hijo de Constantino VII

963—969 ...... Nicéforo II Focas .... General, se casó con la viuda de Romano II

969—976 ...... Juan I Tzimisces .... Usurpador, sobrino de Nicéforo II

976—1025 ...... Basilio II, el asesino búlgaro .... Hijo de Romano II

1025—1028 ...... Constantino VIII .... Hijo de Romano II

1028-1050 ...... Zoe .... Hija de Constantino VIII

1028-1034 ...... Romano III Argiro .... El primer marido de Zoe

1034—1041 ...... Miguel IV el Paflagonio .... El segundo marido de Zoe

1041—1042 ...... Miguel V el Calafate .... El hijo adoptado de Zoe

1042 ...... Zoe y Teodora .... Hijas de Constantino VIII

1042-1055 .... Constantino IX Monómaco .... El tercer marido de Zoe

1055—1056 .... Teodora (otra vez)

NO DINÁSTICO

1056—1057 .... Miguel VI el Viejo .... Elegido por Teodora

1057—1059 ...... Isaac I Comneno .... Usurpador, general de Miguel VI

DINASTÍA DE DUCAS (1059-1081)

1059—1067 ...... Constantino X .... Elegido por Isaac

1068—1071 ...... Romano IV Diógenes .... Viuda de Constantino X Casado

1071—1078 ...... Miguel VII Parapinaces.......... Hijo de Constantino X

1078-1081 ...... Nicéforo III Botaniates............ Usurpador, general de Miguel VII

DINASTÍA COMNENIA (1081-1185)

1081—1118 ...... Alejo I .... Usurpador, sobrino de Isaac I

1118—1143 ...... Juan II el bello .... Hijo de Alejo I

1141—1180 ...... Manuel I el Grande .... Hijo de Juan II

1080—1183 .... Alejo II .... Hijo de Manuel I

1183—1185 ...... Andrónico el Terrible .... Usurpador, primo de Manuel I

DINASTÍA DE ÁNGELO (1185-1204)

1185 1195 ...... Isaac II Ángelo .... Bisnieto de Alejo I

1195—1203 .... Alejo III Ángelo .... Hermano de Isaac II

1203—1204 ...... Isaac II (otra vez) y su hijo Alejo IV

NO DINÁSTICO

1204 ...... Alejo V Murzuflo .... Usurpador, yerno de Alejo III

DINASTÍA PALEOLÓGICA (1259-1453)

1259-1282 .... Miguel VIII .... Bisnieto de Alejo III

1282—1328 ...... Andrónico II .... Hijo de Miguel VIII

1328—1341 .... Andrónico III .... Nieto de Andrónico II

1341—1391 .... Juan V .... Hijo de Andrónico III

1347—1354 .... Juan VI .... Suegro de Juan V

1376—1379 ...... Andrónico IV .... Hijo de Juan V

1390 ...... Juan VII .... Hijo de Andrónico IV

1391—1425 ...... Manuel II .... Hijo de Juan V

1425—1448 ...... Juan VIII .... Hijo de Manuel II

1448—1453 ...... Constantino XI Dragases .... Hijo de Manuel II

Lea más libros de Captivating History

CIVILIZACIÓN MAYA

UNA GUÍA FASCINANTE DE LA HISTORIA Y LA MITOLOGÍA MAYA

CAPTIVATING HISTORY

Referencias

1 Latín: Rey.

² La familia de Octavio provenía de Turios, de allí el uso del nombre Turino.

³ Beard y otros (*SPQR, una Historia de la Antigua Roma*): Al igual que Sila, Octavio llevó a cabo un pogrom para acabar con sus adversarios políticos, pero al no querer ser recordado como un despiadado, cambió su nombre a "Augusto"—el venerado.

⁴ Busto del Emperador con la Corona Cívica, Palacio de Bela Bust of the emperor with the Civic Crown, Palacio Bevilacqua, Verona, Italia / Wikimedia Commons.

⁵ Una Filípica era una dura crítica en la tradición establecida por el orador griego Demóstenes, quien criticó a Filipo II de Macedonia en el siglo IV a.C.

⁶ Phil. 13.10 "Existimasne igitur, M. Lepide, qualem Pompeium res publica habitura sit ciuem, talis futuros in re publica Antonios? in altero pudor, grauitas, moderatio, integritas; in illis – et cum hos compello, praetereo animo ex grege latrocini neminem – libidines, scelera, ad omne facinus immanis audacia." (Bueno, Marco Lépido, ¿piensas que la república encontrará en Pompeyo la clase de ciudadano que los Antonios fueron para ella? En él, la modestia, responsabilidad, la disposición para ayudar y la honestidad; en ellos (y junto a ellos no puedo dejar

de pensar en una banda de ladrones), lujuria, crímenes y un descaro monstruoso ante toda situación).

[7] Hoy en día Bolonia.

[8] Plutarco, La vida de Antonio, El Paralelismo de las Vidas de los griegos y los romanos, http://penelope.uchicago.edu/Thayer/E/Roman/Texts/Plutarch/Lives/ Antony*.html.

[9] Ídem.

[10] Ídem.

[11] Ídem.

[12] Cayo Seutonio Tranquilo, De vita Caesarum (Los Doce Césares), 121 d.C. (el reinado del Emperador Adriano).

[13] En "El Paralelismo de las Vidas de los griegos y los romanos", Plutarco usa repetidas veces el nombre (¿o título?) "César". Varios de los gobernantes tenían nombres que comenzaban con Cayo Julio César. Augusto era Cayo Julio César Augusto; Nerón era Cayo Julio César Nerón, y así sucesivamente.

[14] Publio (o Cayo) Cornelio Tácito, Annales (Los Anales).

[15] Una estatua de Augusto del siglo I d.C., descubierta en 1863 en Villa Livia, Prima Porta, Roma / Wikimedia Commons.

[16] El Emperador Romano Augusto mostrado como Máximo Pontífice, año 20 a.C. aproximadamente, Museo Nacional de Roma / Wikimedia Commons.

[17] Greg Rowe, "El Comienzo de la Monarquía: 44 a.C.–96 d.C." en: *El compañero al Imperio Romano* por David Potter (editor) / *El compañero de Blackwell al mundo antiguo*, Blackwell Publishing Ltd, 2006.

[18] Como se cita en Greg Rowe, "El Comienzo de la Monarquía: 44 a.C.–96 d.C.".

[19] Beard, como en [3].

[20] Ovidio, *Las Metamorfosis*, Libro VI.

[21] Rowe, como en [17].

[22] Anthony Barrett, *Calígula: El Abuso del Poder*, Routledge, 2015.

[23] Fuente: Wikimedia Commons. El árbol genealógico de la dinastía Julio-Claudia está disponible aquí: https://en.wikipedia.org/wiki/Julio-Claudian_family_tree.

[24] Rowe.

[25] Cayo Seutonio Tranquilo, Los Doce Césares: La Vida de Tiberio.

[26] Retrato de Vipsania Agripina, La primera esposa de Tiberio y madre de Druso el Joven, Leptis Magna. /Museo Arqueológico de Trípoli, África Italiana 8, 1941 / Wikipedia Commons.

[27] Photo title "Roman Empire: Gaius Caligula. 37-41 AD. Æ Sestertius (26.83 g, 7h). Rome mint. Struck 37-38 AD. C CAESAR AVG GERMANICVS PON M TR POT, laureate head left: AGRIPPINA DRVSILLA IVLIA, S C in exergue, Gaius' three sisters standing facing: Agrippina (as Securitas) leaning on column, holding cornucopiae, and placing hand on Drusilla (as Concordia), holding patera and cornucopiae; Julia (as Fortuna) holding rudder and cornucopiae." CC by Classical Numismatic Group, Inc.

[28] Detalles de una pintura de un Emperador Romano, 41 d.C. por Lawrence Alma-Tadema / Wikipedia Commons.

[29] Retrato Imperial del Emperador Romano (41 – 54 d.C.) Claudio (10 a.C. – 54 d.C.). Fuente: Wikimedia Commons.

[30] Cayo Seutonio Tranquilo, La Doce Césares: La Vida de Claudio.

[31] Seutonio, La Vida de los Doce Césares, Vida de Nerón y Dion Casio, Historia Romana.

[32] Tácito, Historias.

[33] Retrato de Nerón. Arte Romano en mármol, siglo I d.C. Del área Augusta del Monte Palatino.Anticuario del Palatino; fuente: Wikimedia Commons.

[34] Tácito, Anales.

[35] Ídem.

[36] Suetonio, Dion Casio, Plinio el Viejo.

[37] Fuente: (CC) Classical Numismatic Group.

[38] Suetonius.

[39] Ídem.

[40] Imagen de cortesía de Chris Parker via Flickr (CC BY-SA 2.0).

[41] Cayo Seutonio Tranquilo, Los Doce Césares: La Vida de Claudio.

[42] Busto de Tito, Museos Capitalinos. CC por Sailko / Wikipedia Commons.

[43] Busto del Emperador Domiciano, Louvre / Wikimedia Commons.

[44] Brian W. Jones, *El Emperador Domiciano*, 1993.

[45] Suetonius.

[46] Maquiavelo, Discursos sobre Livio.

[47] Ídem.

[48] Edward Gibbon, "La Historia del Declive y Caída del Imperio Romano" 1997 Project Gutenberg Edition http://www.gutenberg.org/files/25717/25717-h/25717-h.htm#latter.

[49] Ídem.

[50] Dion Casio, Historia Romana.

[51] Ídem.

[52] Michael Peachin, Roma, la Superpotencia: 96–235 DC; en: *El compañero al Imperio Romano* de David Potter (editor) / *El compañero de Blackwell al mundo antiguo*, Blackwell Publishing Ltd, 2006.

[53] Wikimedia Commons.

[54] Dion Casio.

[55] Ídem.

[56] Bennett, Julian (2001). Trajano. Optimus Princeps. Bloomington: Indiana University Press.

[57] Busto de Adriano en Venecia / Wikimedia Commons.

[58] Scriptores Historiae Augustae, Hadrian.

[59] Historia Augusta (c. 395) Hadr.

[60] Dion Casio.

[61] Marco Aurelio, *Meditaciones*, http://www.gutenberg.org/ebooks/2680.

[62] Busto en mármol de Marco Aurelio. Romano, período Antonino, 161-180 d.C. Museo Metropolitano de Arte, New York / Public Domain Image.

[63] Dion Casio.

[64] Beard.

[65] Busto de Cómodo como Hércules, con su piel de león, el garrote y las manzanas doradas de las Hésperides. Arte Romano. Palazzo dei Conservatori, Hall of the Horti Lamiani / Wikimedia Commons.

[66] Dion Casio.

---

[i] Harriet I. Flower, *The Cambridge Companion to the Roman Republic*, Cambridge University Press, 2006

[ii] Mary Beard, *SPQR: A History of Ancient Rome*, Profile Books, London, 2015

[iii] La palabra 'candidato' deriva del latín 'candidatus', que significa 'blanqueado' y se refiere a las togas especialmente blanqueadas que los romanos usaban durante las campañas electorales, para impresionar a los votantes (Beard)

[iv] Una carta a Ático

[v] Tito Livio (59 a.C. – 17 d.C.) fue un historiador romano. Su historia de Roma desde su fundación hasta su propio tiempo consistía de 142 libros, de los cuales 35 perduran

[vi] Como se refiere Beard (*SPQR, a History of Ancient Rome*)

[vii] De acuerdo a Livy

[viii] Publio Ovidio Naso, *The Art of Love (Ars Amatoria)*, Libro Uno, disponible online en: https://en.wikisource.org/wiki/Ars_Amatoria:_The_Art_of_Love/1

[ix] *The Guardian*, "Ovid's exile to the remotest margins of the Roman empire revoked" https://www.theguardian.com/world/2017/dec/16/ovids-exile-to-the-

remotest-margins-of-the-roman-empire-revoked

[x] David M. Gwynn, *The Roman Republic: A Very Short Introduction,* Oxford University Press; 2012

[xi] Plutarch, *Moralia, On the fortune of the Romans* http://www.gutenberg.org/ebooks/23639

[xii] Livy; también: T. P. Wiseman, *Remus: A Roman Myth.* New York: Cambridge University Press, 1995

[xiii] Pintura por Jean Bardin, 1765. https://upload.wikimedia.org/wikipedia/commons/d/d5/Bardin_Tullia.jpg

[xiv] Beard, como se menciona

[xv] Beard

[xvi] Gwynn, como se menciona

[xvii] Stephen P. Oakley, "The Early Republic," *The Cambridge Companion to the Roman Republic*, editado por Harriet I. Flower, Cambridge University Press, 2006

[xviii] Gwynn

[xix] Oakley, como se menciona

[xx] Livy

[xxi] La palabra 'dictador' en la Antigua Roma tenía un significado distinto al que tiene hoy en día. Era un título militar, no un sinónimo de 'tirano'

[xxii] Michael Grant, *History of Rome*, Faber, 1979

[xxiii] Esos fueron los mismos muros que se decía fueron construidos por Servio Tulio y todavía se los conoce como los "Muros Servios".

[xxiv] El cuñado de Alejandro Magno

[xxv] Polibio era un historiador griego pro-romano de Megalópolis

[xxvi] Gwynn

[xxvii] Livy

[xxviii] Livy

[xxix] Gwynn

[xxx] Plutarch, *Life of Flamininus*

[xxxi] "La Grecia conquistada conquistó a su fiero conquistador, e introdujo las artes en el agreste Lacio" Horacio, Epístolas 2.1.156, en Horacio: *Satiras, Epístolas, y Ars Poetica*

[xxxii] Polybius, Historias

[xxxiii] Beard

[xxxiv] The Cambridge Companion to the Roman Republic Cambridge University Press, 2006

[xxxv]

[xxxvi] Lars Brownworth *Perdido al oeste: el imperio bizantino olvidado que rescató a la civilización occidental*, Crown Publishing, Nueva York, 2009.

[xxxvii] Brownworth, como anteriormente; Edward Gibbon, *La historia de la decadencia y caída del imperio romano*, Vol. Cinco, Project Gutenberg edition: http://www.gutenberg.org/files/735/735-h/735-h.htm

[xxxviii] Brownworth, como anteriormente

[xxxix] Obtenga más información sobre Augusto y el Principado en el Libro 2 de la Antigua Roma: "El Imperio Romano"

[xl] Timothy E. Gregory, *una historia de Bizancio*. Malden, MA: Blackwell Publishing, 2005.

[xli] Imagen cortesia de Katie Chao/MOMA/Wikimedia Commons (CC)

[xlii] Brownworth, como anteriormente

[xliii] Imagen cortesía de Jorge Láscar/Flickr (CC)
https://www.flickr.com/photos/8721758@N06/10350972756

[xliv] Brownworth, como anteriormente

[xlv] Gregory, como anteriormente

[xlvi] Juliano, como lo cita Brownworth (ver arriba)

[xlvii] Imagen cortesía de Classical Numismatic Group / Wikipedia Commons.

[xlviii] Como se cita en
https://en.wikipedia.org/wiki/List_of_oracular_statements_from_Delphi; Cinco
traducciones diferentes disponibles aquí:
http://laudatortemporisacti.blogspot.com/2012/12/the-last-oracle.html

[xlix] Gibbon, como anteriormente

[l] Imagen cortesía de Petar Milosevic / Wikipedia Commons.

[li] Gregory, como anteriormente

[lii] "No me importa si es apropiado o no que una mujer dé consejos valientes a
hombres asustados; pero en momentos de extremo peligro, la conciencia es la
única guía. Todo hombre que nace en la luz del día debe morir tarde o temprano;
¿Y cómo puede un Emperador llegar a ser un fugitivo? Si usted, mi Señor, desea
salvarse a sí mismo, no tendrá ninguna dificultad en hacerlo. Somos ricos, ahí está
el mar, también están nuestros barcos. Pero considere primero sí, cuando se
encuentre seguro, no se arrepentirá de no haber elegido la muerte con preferencia.
En lo que a mí respecta, sostengo el antiguo dicho: la realeza es el mejor sudario".
- Emperatriz Teodora (registrada por Procopio, como se cita en Brownsworth)

[liii] Imagen cortesía de Arild Vågen (Wikipedia Commons)

[liv] Brownworth, como anteriormente

[lv] Los cinco grandes mares cristianos o los cinco patriarcados fueron Roma,
Constantinopla, Jerusalén, Antioquía y Jerusalén, lo que hizo la presencia del
cristianismo.

[lvi] Brownworth, como anteriormente

[lvii] Gregory, como anteriormente

[lviii] Autor desconocido / dominio público

[lix] Brownworth, como anteriormente

[lx] Según lo citado por Brownworth

[lxi] Gibbon, como anteriormente

[lxii] Norwich, John Julius. Bizancio: La decadencia y la caída. Nueva York: Alfred
A. Knopf, 2003.

[lxiii] Norwich, como anteriormente

Printed in the USA
CPSIA information can be obtained
at www.ICGtesting.com
LVHW092052090624
782766LV00004B/417